U0074537

心一堂術數古籍珍本叢刊

書名：章仲山嫡傳《翻卦挨星圖》《秘鈔元空秘旨》附《秘鈔天元五歌闡義》
系列：心一堂術數古籍珍本叢刊　堪輿類　無常派玄空珍秘　第二輯　207
作者：【清】章仲山撰、【清】王介如輯撰
主編、責任編輯：陳劍聰
心一堂術數古籍珍本叢刊編校小組：陳劍聰　素聞　鄒偉才　虛白盧主

出版：心一堂有限公司
通訊地址：香港九龍旺角彌敦道六一〇號荷李活商業中心十八樓〇五—〇六室
深港讀者服務中心：中國深圳市羅湖區立新路六號羅湖商業大廈負一層〇〇八室
電話號碼：(852)67150840
網址：publish.sunyata.cc
電郵：sunyatabook@gmail.com
網店：http://book.sunyata.cc
淘寶店地址：https://shop210782774.taobao.com
微店地址：https://weidian.com/s/1212826297
臉書：https://www.facebook.com/sunyatabook
讀者論壇：http://bbs.sunyata.cc/

版次：二零一八年四月初版
平裝

定價：港幣　二百八十八元正
新台幣　一千零九十八元正

國際書號：ISBN 978-988-8316-62-5

香港發行：香港聯合書刊物流有限公司
地址：香港新界大埔汀麗路36號中華商務印刷大廈3樓
電話號碼：(852)2150-2100
傳真號碼：(852)2407-3062
電郵：info@suplogistics.com.hk

台灣發行：秀威資訊科技股份有限公司
地址：台灣台北市內湖區瑞光路七十六巷六十五號一樓
電話號碼：+886-2-2796-3638
傳真號碼：+886-2-2796-1377
網絡書店：www.bodbooks.com.tw
台灣國家書店讀者服務中心：
地址：台灣台北市中山區松江路二〇九號一樓
電話號碼：+886-2-2518-0207
傳真號碼：+886-2-2518-0778
網絡書店：http://www.govbooks.com.tw

中國大陸發行　零售：深圳心一堂文化傳播有限公司
深圳地址：深圳市羅湖區立新路六號羅湖商業大廈負一層〇〇八室
電話號碼：(86)0755-82224934

心一堂微店二維碼

心一堂淘寶店二維碼

心一堂術數古籍 珍本整理 叢刊 總序

術數定義

術數，大概可謂以「推算（推演）、預測人（個人、群體、國家等）、事、物、自然現象、時間、空間方位等規律及氣數，並或通過種種『方術』，從而達致趨吉避凶或某種特定目的」之知識體系和方法。

術數類別

我國術數的內容類別，歷代不盡相同，例如《漢書・藝文志》中載，漢代術數有六類：天文、曆譜、五行、蓍龜、雜占、形法。至清代《四庫全書》，術數類則有：數學、占候、相宅相墓、占卜、命書、相書、陰陽五行、雜技術等，其他如《後漢書・方術部》、《藝文類聚・方術部》、《太平御覽・方術部》等，對於術數的分類，皆有差異。古代多把天文、曆譜、及部分數學均歸入術數類，而民間流行亦視傳統醫學作為術數的一環；此外，有些術數與宗教中的方術亦往往難以分開。現代民間則常將各種術數歸納為五大類別：命、卜、相、醫、山，通稱「五術」。

本叢刊在《四庫全書》的分類基礎上，將術數分為九大類別：占筮、星命、相術、堪輿、選擇、三式、讖諱、理數（陰陽五行）、雜術（其他）。而未收天文、曆譜、算術、宗教方術、醫學。

術數思想與發展——從術到學，乃至合道

我國術數是由上古的占星、卜筮、形法等術發展下來的。其中卜筮之術，是歷經夏商周三代而通過「龜卜、蓍筮」得出卜（筮）辭的一種預測（吉凶成敗）術，之後歸納並結集成書，此即現傳之《易

經》。經過春秋戰國至秦漢之際，受到當時諸子百家的影響、儒家的推崇，遂有《易傳》等的出現，原本是卜筮術書的《易經》，被提升及解讀成有包涵「天地之道（理）」之學。因此，《易・繫辭傳》曰：「易與天地準，故能彌綸天地之道。」

漢代以後，易學中的陰陽學說，與五行、九宮、干支、氣運、災變、律曆、卦氣、讖緯、天人感應說等相結合，形成易學中象數系統。而其他原與《易經》本來沒有關係的術數，如占星、形法、選擇，亦漸漸以易理（象數學說）為依歸。《四庫全書・易類小序》云：「術數之興，多在秦漢以後。要其旨，不出乎陰陽五行，生尅制化。實皆《易》之支派，傳以雜說耳。」至此，術數可謂已由「術」發展成「學」。

及至宋代，術數理論與理學中的河圖洛書、太極圖、邵雍先天之學及皇極經世等學說給合，通過術數以演繹理學中「天地中有一太極，萬物中各有一太極」（《朱子語類》）的思想。術數理論不單已發展至十分成熟，而且也從其學理中衍生一些新的方法或理論，如《梅花易數》、《河洛理數》等。

在傳統上，術數功能往往不止於僅僅作為趨吉避凶的方術，及「能彌綸天地之道」的學問，亦有其「修心養性」的功能，「與道合一」（修道）的內涵。《素問・上古天真論》：「上古之人，其知道者，法於陰陽，和於術數。」數之意義，不單是外在的算數、歷數、氣數，而是與理學中同等的「道」、「理」--心性的功能，北宋理氣家邵雍對此多有發揮：「聖人之心，是亦數也」、「萬化萬事生乎心」、「心為太極」。《觀物外篇》：「先天之學，心法也。……蓋天地萬物之理，盡在其中矣，心一而不分，則能應萬物。」反過來說，宋代的術數理論，受到當時理學、佛道及宋易影響，認為心性本質上是等同天地之太極。天地萬物氣數規律，能通過內觀自心而有所感知，即是內心也已具備有術數的推演及預測、感知能力；相傳是邵雍所創之《梅花易數》，便是在這樣的背景下誕生。

《易・文言傳》已有「積善之家，必有餘慶；積不善之家，必有餘殃」之說，至漢代流行的災變說及讖緯說，我國數千年來都認為天災，異常天象（自然現象），皆與一國或一地的施政者失德有關；下至家族、個人之盛衰，也都與一族一人之德行修養有關。因此，我國術數中除了吉凶盛衰理數之外，人心的德行修養，也是趨吉避凶的一個關鍵因素。

術數與宗教、修道

在這種思想之下，我國術數不單只是附屬於巫術或宗教行為的方術，又往往是一種宗教的修煉手段--通過術數，以知陰陽，乃至合陰陽（道）。「其知道者，法於陰陽，和於術數。」例如，「奇門遁甲」術中，即分為「術奇門」與「法奇門」兩大類。「法奇門」中有大量道教中符籙、手印、存想、內煉的內容，是道教內丹外法的一種重要外法修煉體系。甚至在雷法一系的修煉上，亦大量應用了術數內容。此外，相術、堪輿術中也有修煉望氣（氣的形狀、顏色）的方法；堪輿家除了選擇陰陽宅之吉凶外，也有道教中選擇適合修道環境（法、財、侶、地中的地）的方法，以至通過堪輿術觀察天地山川陰陽之氣，亦成為領悟陰陽金丹大道的一途。

易學體系以外的術數與的少數民族的術數

我國術數中，也有不用或不全用易理作為其理論依據的，如揚雄的《太玄》、司馬光的《潛虛》。也有一些占卜法、雜術不屬於《易經》系統，不過對後世影響較少而已。

外來宗教及少數民族中也有不少雖受漢文化影響（如陰陽、五行、二十八宿等學說。）但仍自成系統的術數，如古代的西夏、突厥、吐魯番等占卜及星占術，藏族中有多種藏傳佛教占卜術、苯教占卜術、擇吉術、推命術、相術等；北方少數民族有薩滿教占卜術；不少少數民族如水族、白族、布朗族、佤族、彝族、苗族等，皆有占雞（卦）草卜、雞蛋卜等術，納西族的占星術、占卜術，彝族畢摩的推命術、占卜術……等等，都是屬於《易經》體系以外的術數。相對上，外國傳入的術數以及其理論，對我國術數影響更大。

曆法、推步術與外來術數的影響

我國的術數與曆法的關係非常緊密。早期的術數中，很多是利用星宿或星宿組合的位置（如某星在某州或某宮某度）付予某種吉凶意義，并據之以推演，例如歲星（木星）、月將（某月太陽所躔之宮次）等。不過，由於不同的古代曆法推步的誤差及歲差的問題，若干年後，其術數所用之星辰的位置，已與真實星辰的位置不一樣了；此如歲星（木星），早期的曆法及術數以十二年為一周期（以應地支），與木星真實周期十一點八六年，每幾十年便錯一宮。後來術家又設一「太歲」的假想星體來解決，是歲星運行的相反，週期亦剛好是十二年。而術數中的神煞，很多即是根據太歲的位置而定。又如六壬術中的「月將」，原是立春節氣後太陽躔娵訾之次而稱作「登明亥將」，至宋代，因歲差的關係，要到雨水節氣後太陽才躔娵訾之次，當時沈括提出了修正，但明清時六壬術中「月將」仍然沿用宋代沈括修正的起法沒有再修正。

由於以真實星象周期的推步術是非常繁複，而且古代星象推步術本身亦有不少誤差，大多數術數除依曆書保留了太陽（節氣）、太陰（月相）的簡單宮次計算外，漸漸形成根據干支、日月等的各自起例，以起出其他具有不同含義的眾多假想星象及神煞系統。唐宋以後，我國絕大部分術數都主要沿用這一系統，也出現了不少完全脫離真實星象的術數，如《子平術》、《紫微斗數》、《鐵版神數》等。後來就連一些利用真實星辰位置的術數，如《七政四餘術》及選擇法中的《天星選擇》，也已與假想星象及神煞混合而使用了。

隨着古代外國曆（推步）、術數的傳入，如唐代傳入的印度曆法及術數，元代傳入的回回曆等，其中我國占星術便吸收了印度占星術中羅睺星、計都星等而形成四餘星，又通過阿拉伯占星術而吸收了其中來自希臘、巴比倫占星術的黃道十二宮、四大（四元素）學說（地、水、火、風），並與我國傳統的二十八宿、五行說、神煞系統並存而形成《七政四餘術》。此外，一些術數中的北斗星名，不用我國傳統的星名：天樞、天璇、天璣、天權、玉衡、開陽、搖光，而是使用來自印度梵文所譯的：貪狼、巨門、祿存、文曲，廉貞、武曲、破軍等，此明顯是受到唐代從印度傳入的曆法及占星術所影響。如星命術中的《紫微斗數》及堪輿術中的《撼龍經》等文獻中，其星皆用印度譯名。及至清初《時憲曆》，置閏之法則改用西法「定氣」。清代以後的術數，又作過不少的調整。

此外，我國相術中的面相術、手相術，唐宋之際受印度相術影響頗大，至民國初年，又通過翻譯歐西、日本的相術書籍而大量吸收歐西相術的內容，形成了現代我國坊間流行的新式相術。

陰陽學——術數在古代、官方管理及外國的影響

術數在古代社會中一直扮演着一個非常重要的角色，影響層面不單只是某一階層、某一職業、某一年齡的人，而是上自帝王，下至普通百姓，從出生到死亡，不論是生活上的小事如洗髮、出行等，大事如建房、入伙、出兵等，從個人、家族以至國家，從天文、氣象、地理到人事、軍事，從民俗、學術到宗教，都離不開術數的應用。我國最晚在唐代開始，已把以上術數之學，稱作陰陽（學），行術數者稱陰陽人。（敦煌文書、斯四三二七唐《師師漫語話》：「以下說陰陽人謾語話」，此說法後來傳入日本，今日本人稱行術數者為「陰陽師」）。一直到了清末，欽天監中負責陰陽術數的官員中，以及民間術數之士，仍名陰陽生。

古代政府的中欽天監（司天監），除了負責天文、曆法、輿地之外，亦精通其他如星占、選擇、堪輿等術數，除在皇室人員及朝庭中應用外，也定期頒行日書、修定術數，使民間對於天文、日曆用事吉凶及使用其他術數時，有所依從。

我國古代政府對官方及民間陰陽學及陰陽官員，從其內容、人員的選拔、培訓、認證、考核、律法監管等，都有制度。至明清兩代，其制度更為完善、嚴格。

宋代官學之中，課程中已有陰陽學及其考試的內容。（宋徽宗崇寧三年〔一一零四年〕崇寧算學令：「諸學生習……並曆算、三式、天文書。」「諸試……三式即射覆及預占三日陰陽風雨。天文即預

定一月或一季分野災祥，並以依經備草合問為通。」

金代司天臺，從民間「草澤人」（即民間習術數人士）考試選拔：「其試之制，以《宣明曆》試推步，及《婚書》、《地理新書》試合婚、安葬，並《易》筮法，六壬課、三命、五星之術。」（《金史》卷五十一・志第三十二・選舉一）

元代為進一步加強官方陰陽學對民間的影響、管理、控制及培育，除沿襲宋代、金代在司天監掌管陰陽學及中央的官學陰陽學課程之外，更在地方上增設陰陽學課程（《元史・選舉志一》：「世祖至元二十八年夏六月始置諸路陰陽學。」）地方上也設陰陽學教授員，培育及管轄地方陰陽人。（《元史・選舉志一》：「（元仁宗）延祐初，令陰陽人依儒醫例，於路、府、州設教授員，凡陰陽人皆管轄之，而上屬於太史焉。」）自此，民間的陰陽術士（陰陽人），被納入官方的管轄之下。

至明清兩代，陰陽學制度更為完善。中央欽天監掌管陰陽學，明代地方縣設陰陽學正術，各州設陰陽學典術，各縣設陰陽學訓術。陰陽人從地方陰陽學肄業或被選拔出來後，再送到欽天監考試。（《大明會典》卷二二三：「凡天下府州縣舉到陰陽人堪任正術等官者，俱從吏部送（欽天監），考中，送回選用；不中者發回原籍為民，原保官吏治罪。」）清代大致沿用明制，凡陰陽術數之流，悉歸中央欽天監及地方陰陽官員管理、培訓、認證。至今尚有「紹興府陰陽印」、「東光縣陰陽學記」等明代銅印，及某某縣某某之清代陰陽執照等傳世。

清代欽天監漏刻科對官員要求甚為嚴格。《大清會典》「國子監」規定：「凡算學之教，設肄業生。滿洲十有二人，蒙古、漢軍各六人，於各旗官學內考取。漢十有二人，於舉人、貢監生童內考取。附學生二十四人，由欽天監選送。教以天文演算法諸書，五年學業有成，舉人引見以欽天監博士用，貢監生童以天文生補用。」學生在官學肄業、貢監生肄業或考得舉人後，經過了五年對天文、算法、陰陽學的學習，其中精通陰陽術數者，會送往漏刻科。而在欽天監供職的官員，《大清會典則例》「欽天監」規定：「本監官生三年考核一次，術業精通者，保題升用。不及者，停其升轉，再加學習。如能黽勉供職，即予開復。仍不及者，降職一等，再令學習三年，能習熟者，准予開復，仍不能者，黜退。」除定期考核以定其升用降職外，《大清律例》中對陰陽術士不準確的推斷（妄言禍福）是要治罪的。《大清律例・一七八・術七・妄言禍福》：「凡陰陽術士，不許於大小文武官員之家妄言禍福，違者杖一百。其依經推算星命卜課，不在禁限。」大小文武官員延請的陰陽術士，自然是以欽天監漏刻科官員或地方陰陽官員為主。

官方陰陽學制度也影響鄰國如朝鮮、日本、越南等地，一直到了民國時期，鄰國仍然沿用着我國的多種術數。而我國的漢族術數，在古代甚至影響遍及西夏、突厥、吐蕃、阿拉伯、印度、東南亞諸國。

術數研究

術數在我國古代社會雖然影響深遠，「是傳統中國理念中的一門科學，從傳統的陰陽、五行、九宮、八卦、河圖、洛書等觀念作大自然的研究。……傳統中國的天文學、數學、煉丹術等，要到上世紀中葉始受世界學者肯定。可是，術數還未受到應得的注意。術數在傳統中國科技史、思想史，文化史、社會史，甚至軍事史都有一定的影響。……更進一步了解術數，我們將更能了解中國歷史的全貌。」（何丙郁《術數、天文與醫學中國科技史的新視野》，香港城市大學中國文化中心。）

可是術數至今一直不受正統學界所重視，加上術家藏秘自珍，又揚言天機不可洩漏，「（術數）乃吾國科學與哲學融貫而成一種學說，數千年來傳衍嬗變，或隱或現，全賴一二有心人為之繼續維繫，賴以不絕，其中確有學術上研究之價值，非徒癡人說夢，荒誕不經之謂也。其所以至今不能在科學中成立一種地位者，實有數因。蓋古代士大夫階級目醫卜星相為九流之學，多恥道之；而發明諸大師又故為惝恍迷離之辭，以待後人探索；間有一二賢者有所發明，亦秘莫如深，既恐洩天地之秘，復恐譏為旁門左道，始終不肯公開研究，成立一有系統說明之書籍，貽之後世。故居今日而欲研究此種學術，實一極困難之事。」（民國徐樂吾《子平真詮評註》，方重審序）

現存的術數古籍，除極少數是唐、宋、元的版本外，絕大多數是明、清兩代的版本。其內容也主要是明、清兩代流行的術數，唐宋或以前的術數及其書籍，大部分均已失傳，只能從史料記載、出土文獻、敦煌遺書中稍窺一鱗半爪。

術數版本

坊間術數古籍版本，大多是晚清書坊之翻刻本及民國書賈之重排本，其中豕亥魚魯，或任意增刪，往往文意全非，以至不能卒讀。現今不論是術數愛好者，還是民俗、史學、社會、文化、版本等學術研究者，要想得一常見術數書籍的善本、原版，已經非常困難，更遑論如稿本、鈔本、孤本等珍稀版本。在文獻不足及缺乏善本的情況下，要想對術數的源流、理法、及其影響，作全面深入的研究，幾不可能。

有見及此，本叢刊編校小組經多年努力及多方協助，在海內外搜羅了二十世紀六十年代以前漢文為主的術數類善本、珍本、鈔本、孤本、稿本、批校本等數百種，精選出其中最佳版本，分別輯入兩個系列：

一、心一堂術數古籍珍本叢刊

二、心一堂術數古籍整理叢刊

前者以最新數碼（數位）技術清理、修復珍本原本的版面，更正明顯的錯訛，部分善本更以原色彩色精印，務求更勝原本。并以每百多種珍本、一百二十冊為一輯，分輯出版，以饗讀者。

後者延請、稿約有關專家、學者，以善本、珍本等作底本，參以其他版本，古籍進行審定、校勘、注釋，務求打造一最善版本，方便現代人閱讀、理解、研究等之用。

限於編校小組的水平，版本選擇及考證、文字修正、提要內容等方面，恐有疏漏及舛誤之處，懇請方家不吝指正。

心一堂術數古籍珍本整理叢刊編校小組

二零零九年七月序

二零一四年九月第三次修訂

元空秘旨

附翻卦挨星圖

光緒己卯二月錄於平梁署

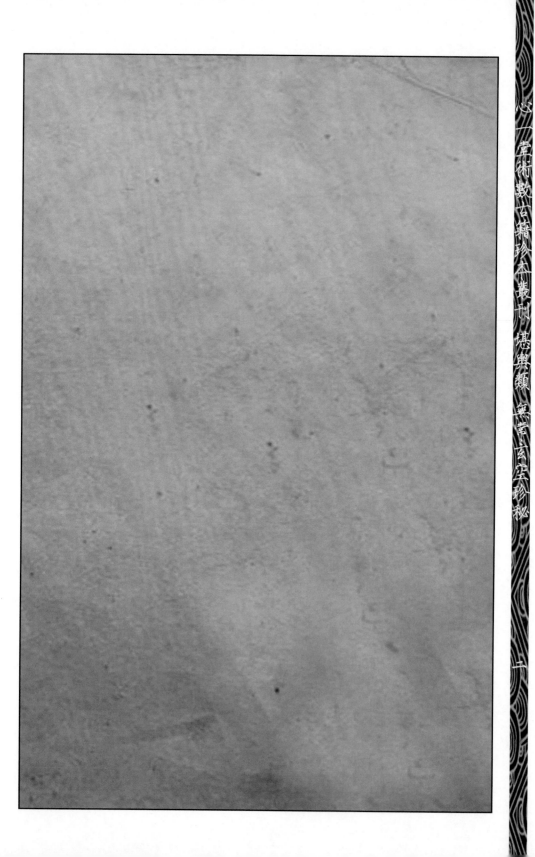

元空秘旨

目講禪師著　無心道人解

元空者倒地翻天隨時變易之元機也目講深得其奥作此秘旨闡發青囊天玉之至理九星雙起之元關辨吉凶定盛衰發啓中節靈如桴鼓真理氣之金針也

不知變易但知不易九星八卦皆空不識三般那識兩片凡屬五行盡錯顛之倒之轉禍福於指掌之間左挨右挨辨吉凶於毫芒之際一天星斗運用正在中央九

曜干支旋轉由乎北極

此言元空大卦陰陽五行縱横顛倒變化不測毫釐千里甚屬元微目講恐讀者無所適從又將衆星旋轉之機以示之謂衆星之所以旋轉也其機在乎北極陰陽之所以顛倒也其樞在乎三般讀者當細[illegible]揣之則縱横顛倒之機隨時變易之理自可得而知矣

夫婦相逢於道路却嫌阻隔不通情兒孫盡在於門庭猶恐兇頑非孝義

相逢者即山上水裏陰陽相見配合生生之謂也相見而得其所自有福祿之蔭相見而不得其所便是禍咎之根用法即得是方或逢形勢反背氷法傾流似是而非定有阻隔兇頑之更變矣

此節及下文總言山上水裏挨星得失之元微其中奥妙全在說卦以推氣用卦以明理繫詞以辯吉凶因形察氣因氣求形以推休咎也

卦爻雜亂異姓同居吉凶相併螟蛉為嗣

出卦則卦氣雜亂雜亂則龍神交戰交戰雜亂自有

此應　雜亂指干支方位而言相併指挨星反伏而
言所謂用得即是相見用失便是謂反吟
八山四風値而泉石膏肓九午七酉逢而江湖花柳星連左丙奎壁辛戌之間啟
八代之文章胃左酉入斗丑癸之間牛積千箱之玉帛雞七交一鼠而傾瀉

巽為離艮為震則四八亦為離震

必犯徒流雷三出地二而相沖定遭桎梏
艮為山止也陽在上則止巽為風入也陰在下則伏
止者不事王侯高尚之士也伏者山林隱逸不求聞
達於諸侯者也止伏相投自有泉石之癖離為火為
目為心性喜流動兌為金為少女為妾性愛驕奢離

麗也一陰附於陽則喜兑說也少陰出於陽則說離兑相逢故有江湖花柳之應也星應日司文章翰墨之神躔於奎壁定卜文才傑出胃為土主倉廩五穀之府躔於牛斗定致千箱之積兑如加坎或傾瀉奔流一遇歲君徒流不免震若交坤或相冲相射年逢

三碧桎梏難逃

火若尅金兼化木數經回祿之災土能制水復生金定主田庄之富木見火而生聰明奇士火見土而出愚鈍頑夫無室家之相依奔走於東西道路鮮姻緣之作合

寄食於南北人家

此節專言生尅制化之理妙在山水峯巒五星九星正變之象辨别清楚再辨元空隨時變易之機往來進退之理認得分明當補者補當瀉者瀉制化得宜自能得心應手稍有偏勝定見榮枯理之必然者也如火金相剋當扶水以尅之或培土以泄之乃是扶金壯水之至理若反以木助火火藉風而愈熾木生火而愈旺回祿難逃土尅水則水自涸得金曜重重洩土壯水自有田庄之富所謂强者宜洩弱者宜扶

即同此意火由木出母子相得木火通明定多聰俊
土本火生太過則火炎土燥自產頑愚男以女為室
女以男為家無家無室是言孤陰孤陽無所依靠故
言奔走寄食於東西南北也

男女多情無媒妁而為私合陰陽相見遇寃讐則反無
情惟正配而一交有夢蘭之兆得干神之雙至多折桂
之英

多情言山形水勢相得之情媒妁謂立穴定向之得
宜如立穴定向少有差錯猶男女不用媒妁便為私

合陰陽雖得相見遇反伏沖尅上山下水顛倒誤用反恩為讐定見災殃雙至即干支品配得宜山上水裏排來都吉之謂也此即青囊所謂四神第一者是也

陰神滿地成羣紅粉場中快活火曜聯珠相遇青雲路上逍遙非類相從家多淫亂姻親相合世出賢良

四七九二為陰神諸星重疊於水口三叉或值門方向首男女貪淫火曜即尖秀挺拔之峯排立於主山朝案用又得一六連珠之妙自能早登科第得志於

當時也所云相從相合者總言山上水裏之元空及方位干支清純錯雜之應驗耳

負棟三入南離九竚見廳堂再煥驅車六朝北闕一時聞丹詔頻來全無生氣入門糧蹇一宿會有旺神到穴富積千箱

負者排也挨也挨排震木加於離火出乎震者復相見乎離故有廳堂之再煥乾金排於坎水成乎地者又生乎天天地生生不息定主丹詔頻來無生氣有旺神總言宜生不宜尅宜旺不宜衰此亦趨旺避衰之最要者也

相尅而有相濟之功先天之乾坤大定相生而有相凌之害後天之金水交併

此言河圖洛書先天後天陰陽變易之機五行顛倒之氣顛倒變易相尅相生乃陰陽五行自然之理也且先天主體後天主用為體者不可以用言為用者不可以體言所謂先後八卦體用咸明者此也

木傷土而金位重重禍須有救火制金而水神叠叠災亦能穰土涸水而木旺無妨金伐木而火熒無忌

此節申言生尅制化得宜之妙必須形氣兼看方得

制化之精微如形合而氣不合或氣合而形不合稍偏勝制化雖得亦見榮枯理勢之必然者也
忌神旺而制神衰乃入室以操戈吉神衰而凶神旺直開門而揖盜
尅我者謂之忌神制神即制尅我之神也旺者强也衰者弱也制尅無權定見操戈之患吉不敵凶自有揖盜之災要之一貴當權諸凶咸服衆凶尅主獨力難支此亦扶生制尅之一法也
重重尅入立見死亡位位生來連添喜氣不尅我而尅

我同類多鰥寡孤獨之人不生我而生我家人出俊秀聰明之士

生則不尅尅則不生陰陽五行自然之理也所云位位重重指方（門）水口而言門方水口有生入尅入之利害同類家人指干支卦爻而言干支卦爻有正尅傍尅之吉凶一生一尅一正一傍應驗各殊讀者當察五行之情性山水之形勢去來得失之間趨生避死迎旺去衰自無死傷孤寡之患矣

爲父所尅男不招兒爲母所傷女難得嗣後人不肖因

生方之反背無情賢嗣承宗緣生位之端方朝揖

木受金尅長子難招水被土傷次無子嗣皆指元空

而言非指方位所云朝揖反背蓋言山水之情形生

方旺方是言挨星之得失生方果有真情相向并有

朝揖情形兒孫定多賢良定多孝友此即因形察氣

因氣求形之一法總之無形無氣無理而推休咎方

能一毫不爽耳

我尅彼而竟遭其辱為財帛以喪身我生之而反受其

殃因産難而致死

生之太過反主死傷尅之太急反遭其辱均由形氣乖戾之故所謂過猶不及者此也

腹二多水而膨脹足三見金而蹣跚巽宮水路纏乾主有吊樑之厄兑位明堂破震定生吐血之災風行地而硬直難當室有欺姑之婦火燒天而張牙相鬬家生罵父之兒

坤為腹為土土衰不能制水自有膨脹之疾震為足為木為肝肝主血受乾兑金尅則木壞肝傷主足跛吐血之症巽為長女坤為老母風行地則坤母受制於

巽女更兼形勢硬直無情故有欺姑之婦乾為天為父為金乾金受尅於離火更有張牙不遜之勢必生不孝之兒種種不法大關風化全在立穴定向之際斟酌得宜苟能挽逆為順實大有功於名教也

此節總言相尅之利害腹脹吐血欺姑罵父此皆形氣相尅之應驗也讀者當細心參考務宜兼形兼氣方得九星八卦之精微

兩局相關必生孿子孤龍單結定有獨夫

兩局指承氣收水而言孤單指地氣形勢而言此節

專言龍水濶狹厚薄之應

坎一宮高塞而耳一聾離九位傷殘而目九瞎兌七缺陷而唇亡齒寒艮八破碎而筋枯臂折山地艮坤土被風吹還生風疾雷風震巽木因金死定被刀兵

坎耳離目艮手震足總兼形兼氣而占驗休咎者也秘旨所言卦理是元空變易之卦理非南離北坎之定位也讀者切勿誤會如坎方高塞定主耳聾離位傷殘必多目疾兌取象於口缺陷自有唇亡齒缺之憂艮取象於身破碎自有臂折筋枯之患艮坤為土

被巽風吹刼風疾難逃震巽為木遭乾兑金傷刀兵必至種種均由縱横顛倒相冲相射形氣之所應也家有少亡只為冲殘子息卦庭無耆老都應攻破父母爻

乾坤為父母六卦為子息此是八卦之父母也諸卦自為母三爻為子息此一卦之父母也如元空之父母子息則又以變易干支者為父母以何位何宮倒地翻天者為子息所云冲殘攻破總言生氣受尅之故耳

漏道在坎宮遺精泄血破軍居巽位顛病風狂開口筆插於離方必落孫山之外離鄉砂飛於艮位定亡驛路之中

漏道者是水分兩處非分浜分枝之謂也坎為水為腎主精血是方適逢傾瀉奔流便是腎氣不固自有遺精泄血之病其餘顛病風狂總是因形察氣之法耳

金水多情貪花戀酒木金相反背義忘恩震庚會局文臣而兼武將之權丁丙朝乾貴客而有耆耄之壽天市艮八

合丙(火)坤(土)富堪敵國離壬會子癸喜產多男

金水多情木金相反是言元空之金木非東木西金之方位震為天祿庚號武爵元空會合文武全才丁為南極丙為太微果有真情朝拱自能貴而多壽艮為天市本主財祿又得火土相扶定然富敵王公離壬子癸會成既濟主有多男之慶然必體得其體用得其用方有是徵若拘拘於呆法者百無一得也

四生有合人文旺四生(旺)無沖田宅饒丑未換局而出僧尼震巽失宮而生賊丐南離北坎位極中天長庚啟明

交戰四國健而動動非佳兆止而靜靜罔不宜富並陶朱斷是堆金積玉貴比王謝總緣喬木扶疏辛比庚而辛更精神甲附乙而甲益靈秀癸為元龍壬號紫氣昌盛各有攸司丙臨文曲丁近傷官人財因之耗乏

有合無冲者即彼此生生無冲射反伏之謂也東木西金南離北坎者是言四生四旺各得其宜之妙也健動止靜謂干支卦爻清純者為靜為止錯雜者為動為健如論山水則又以形動者為動形靜者為靜所謂行乎其所不得不行止乎其所不得不止氣勢

兩兼方是真動真止王謝陶朱總言砂水峯巒體用兼得之妙也甲乙庚辛不拘來山去水方位干支須歸一路如丙雜巳丁入未不知挨星妙用而又出卦自有偏枯耗散之病矣

見祿存瘟𤸃必發遇文曲蕩子無歸值廉貞而火災頻見逢破軍身體多虧四墓非吉陽土陰土貴剪裁四生非凶卦內卦外由我取要知禍福因由妙在天心橐籥此節專辯諸星之應驗諸星應驗各殊必須測氣象辯九星察形勢看遠近再推五行生尅制化之理吉

凶消長之機而言得言失言禍言福自能百不失一陰土陽土者即借庫自庫之謂也卦內卦外者即得失之謂也讀者須從天心顛倒之間裁取得失自無不當耳

青囊萬卷總不出體用二字體有山水之分用有得失之辯體有移步之不同用有隨時之更變用必依形而顯休咎體必因氣而見吉凶要之體無用不靈用無體不驗必須形氣兩兼默參九星生尅之理以推休咎方得體用之精微此秘旨言體言用條分縷

晰闡發精詳無微不入非深得青囊之奥河洛之理者焉能道其隻字耶

道光癸未四月既望二泉山右無心道人註於廣陵巴氏樸園水木清華之閣

門人柯學熙較訂

姑蘇閶门外桐涇橋西石盾衕口
吳學圃刊刻印訂

八卦九星二十四山陰陽歌訣

乾六戌乾亥戌陰乾亥陽坎一壬子癸壬陽子癸陰艮八丑艮寅丑陰艮寅陽震三甲夘乙甲陽夘乙陰巽四辰巽巳辰陰巽巳陽離九丙午丁丙陽午丁陰坤二未坤申未陰坤申陽兑七庚酉辛庚陽酉辛陰中五戊己土隨卦定陰陽

三元九運翻卦挨星圖

上元

康熙二十三年起至康熙四十二年止

同治三年起至光緒九年止

上元

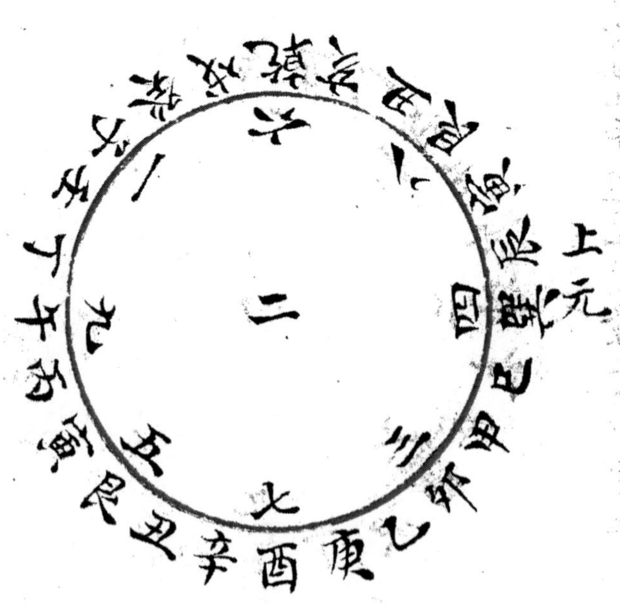

康熙四十三年起至雍正元年止

光緒十年起至光緒二十九年止

上元

三

雍正二年起至乾隆八年止
光緒三十年起至民國十二年止

中元

四

乾隆九年起至乾隆二十八年止
民國十三年起至民國三十三年止

中元

五

七　六　一　八　三　四　九　二

庚　酉　辛　戌　乾　亥　壬　子　癸　丑　艮　寅　甲　卯　乙　辰　巽　巳　丙　午　丁　未　坤　申

乾隆二十九年起至乾隆四十八年止

中元

六

八　七　二　九　四　五　一　三

乾隆四十九年起至嘉慶八年止

下元

嘉慶九年起至道光三年止

下元

道光四年起至道光二十三年止

下元

九

道光二十四年起至同治二年止

二十四山坐向翻卦挨星圖

上元一運

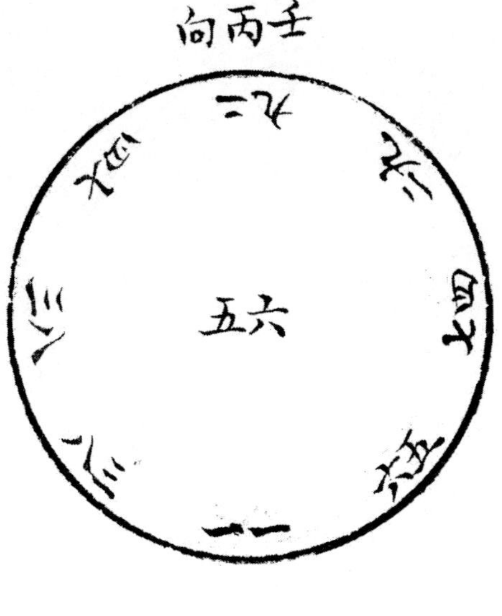

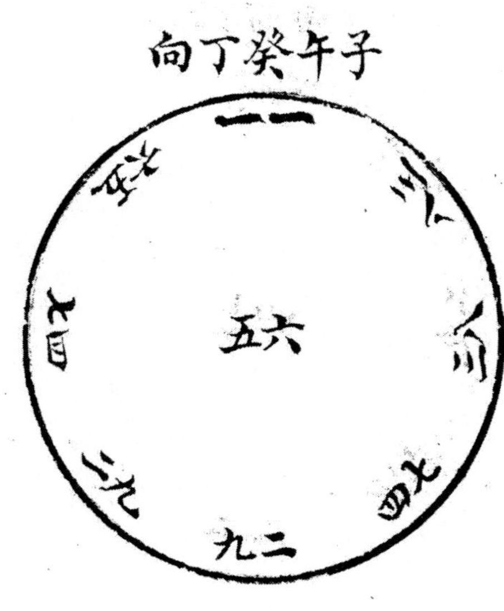

丑未向

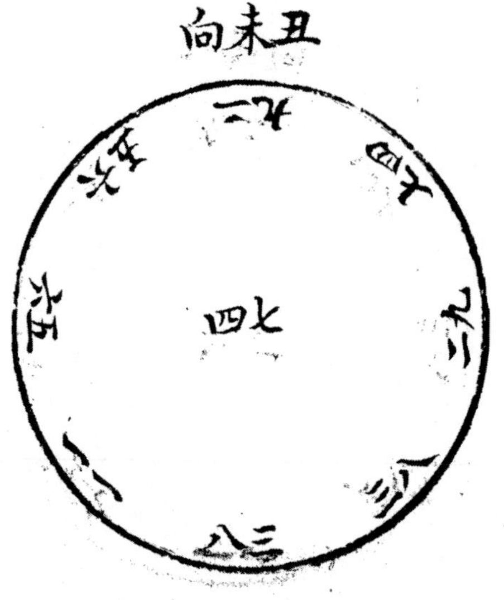

艮坤寅申向

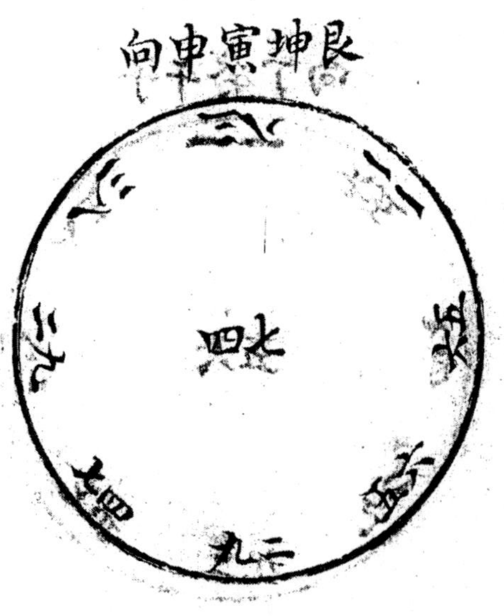

甲庚向

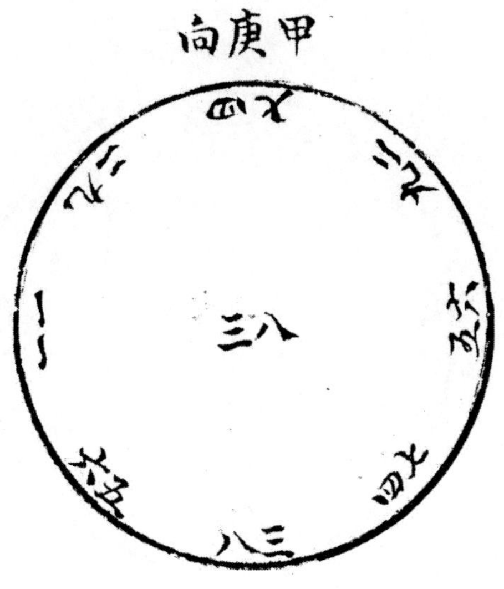

卯酉乙辛向

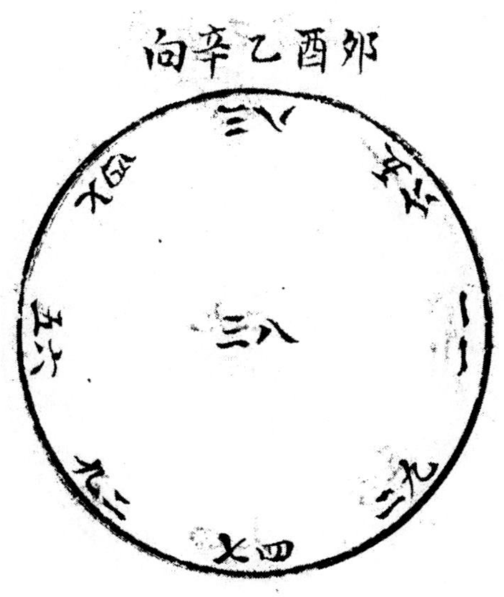

辰戌向

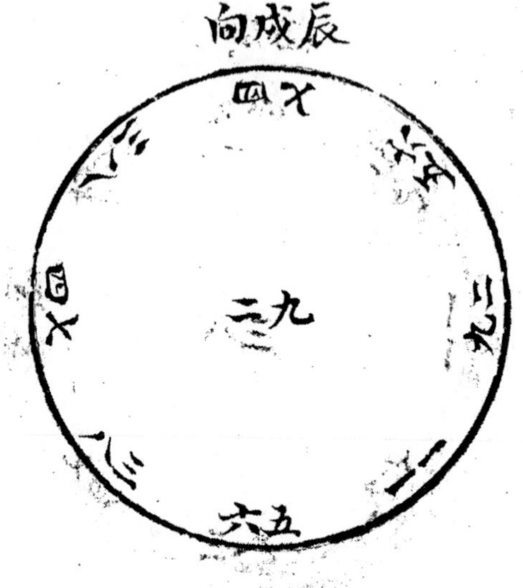

巽乾巳亥向

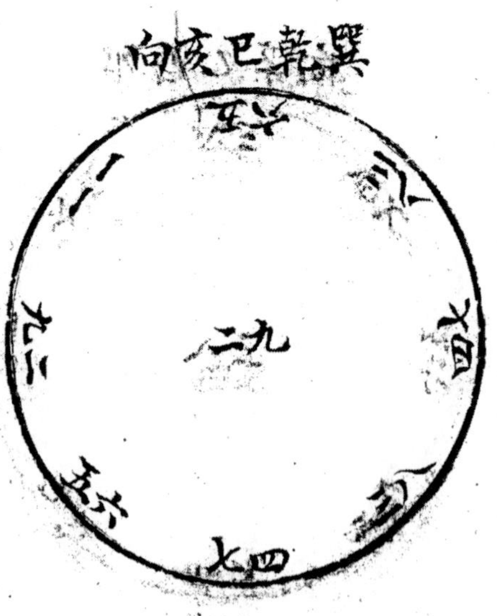

上元二運

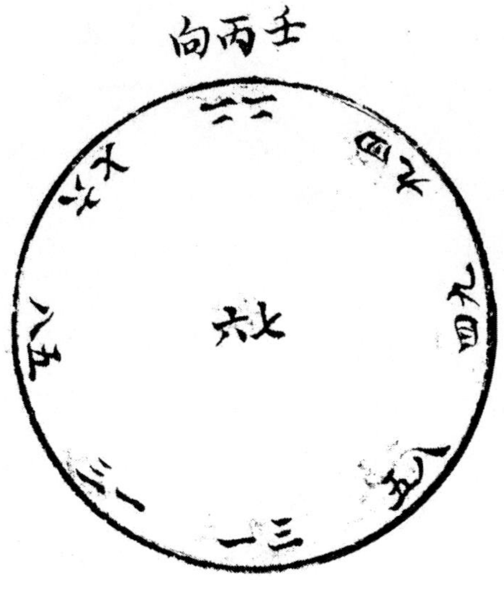
壬丙向

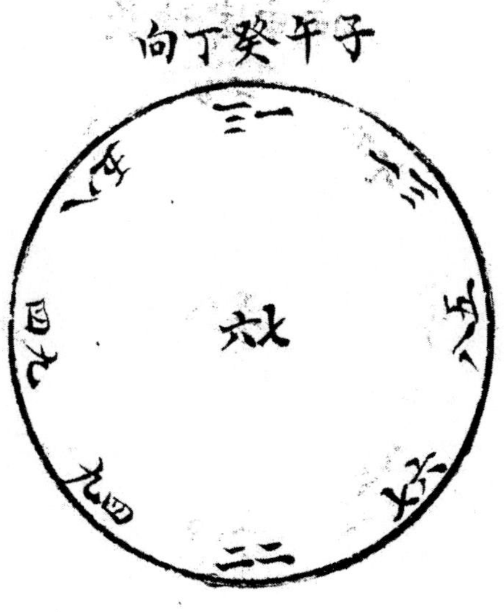
子午癸丁向

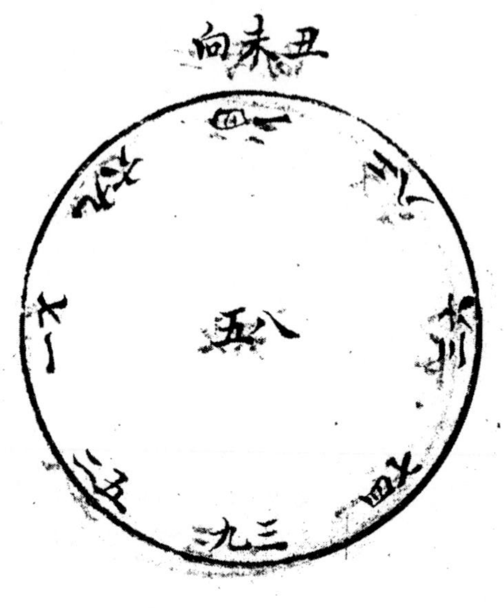
丑未向

艮坤寅申向

甲庚向

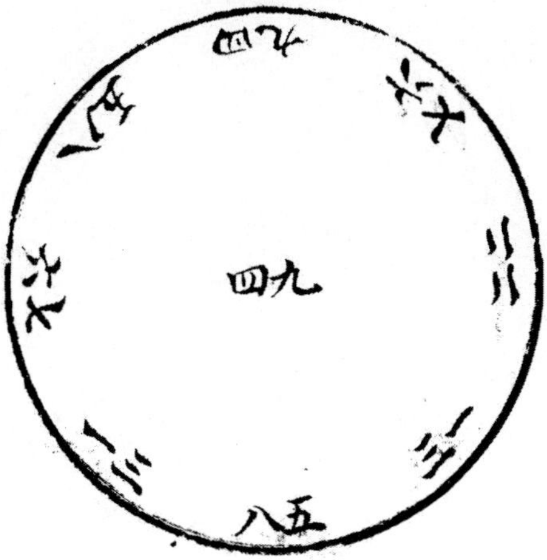

卯酉乙辛向

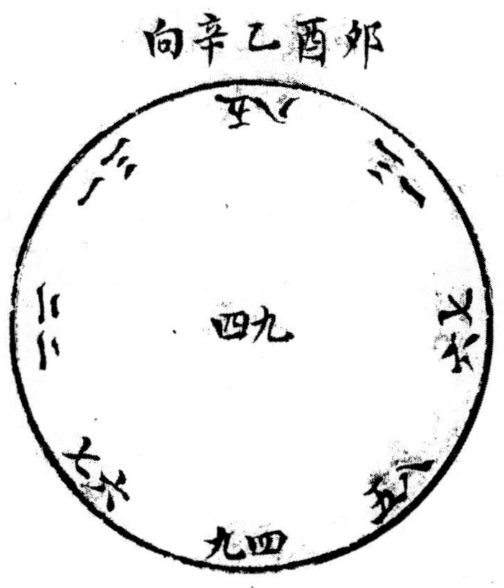

辰戌向

巽乾巳亥向

上元三運

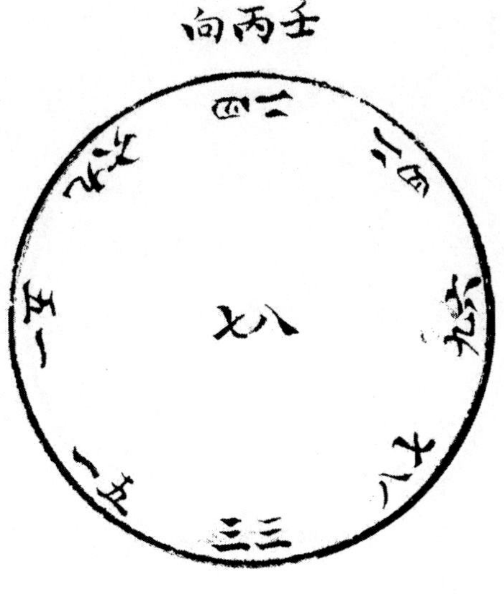

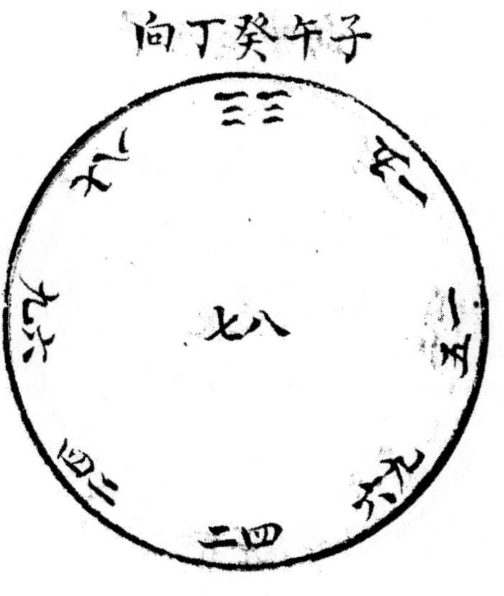

丑未向

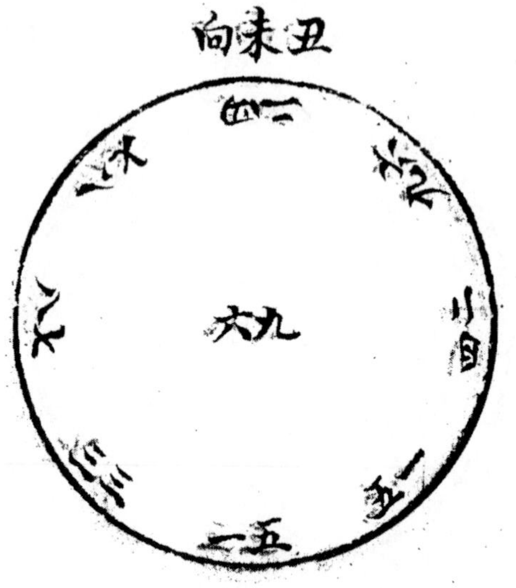

艮坤寅申向

甲庚向

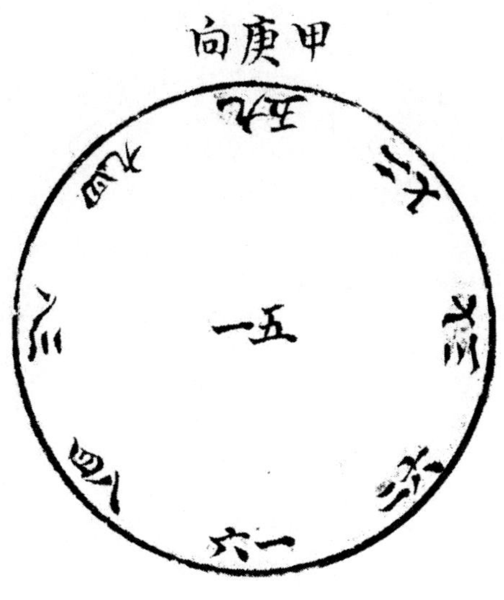

卯酉乙辛向

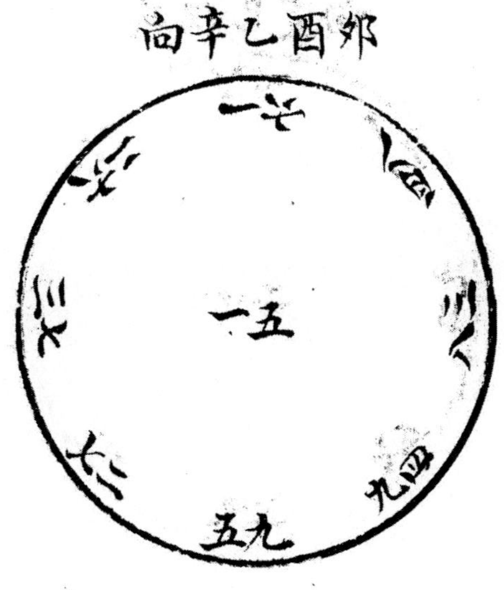

辰戌向
二四

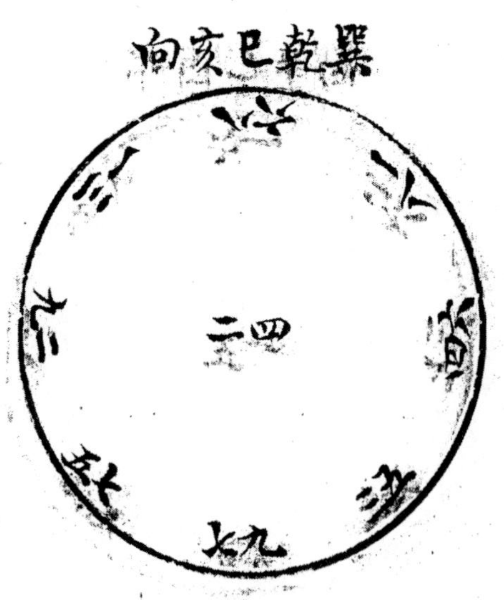
巽乾巳亥向
二四

中元四運

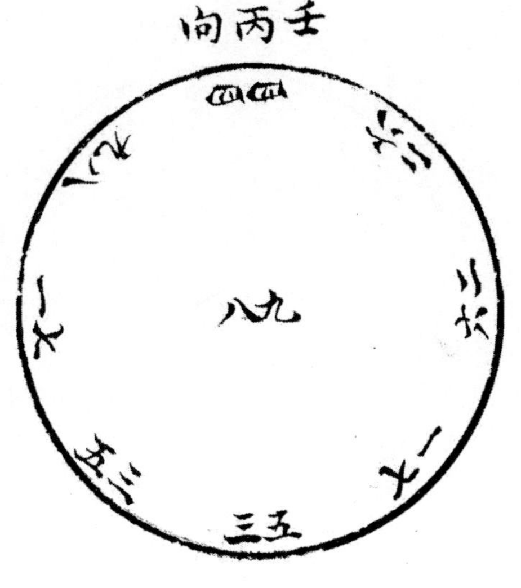

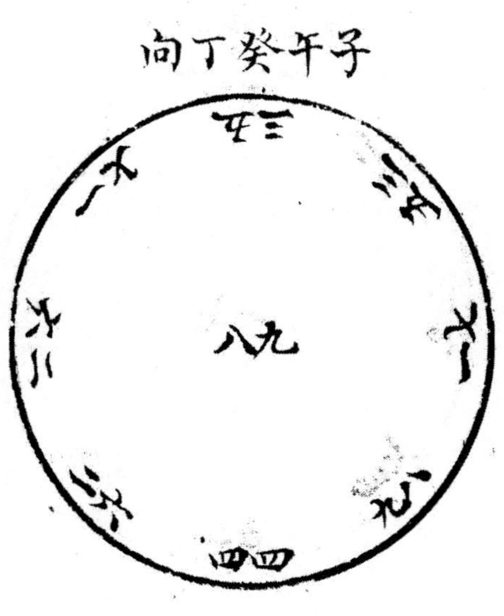

丑未向

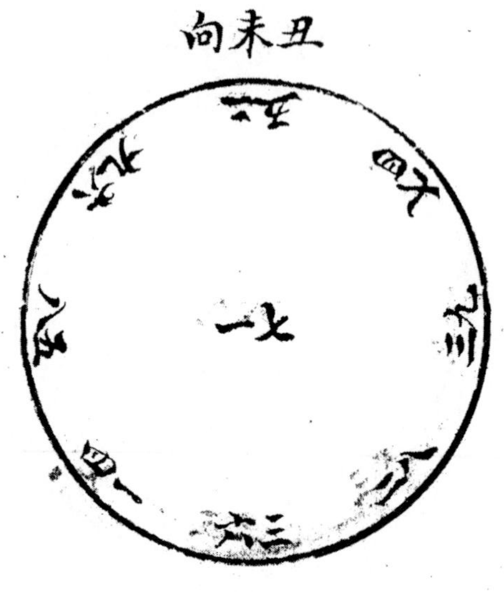

艮坤寅申向

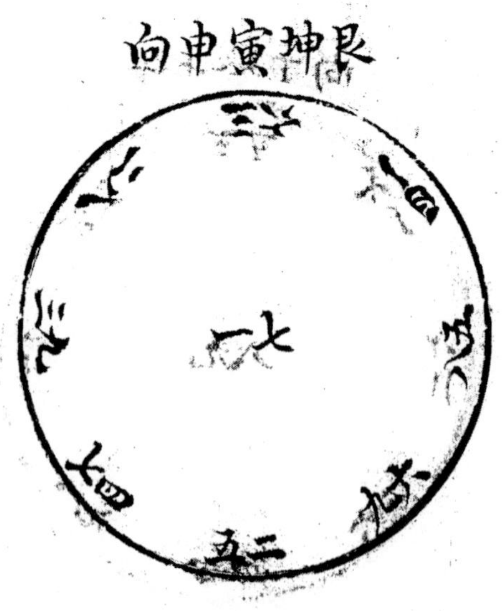

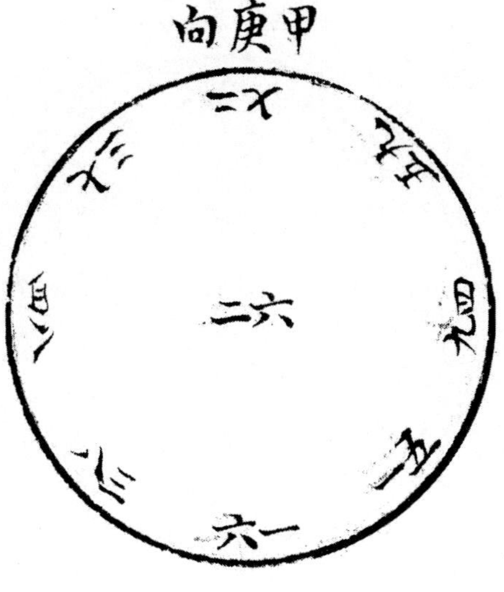
甲庚向

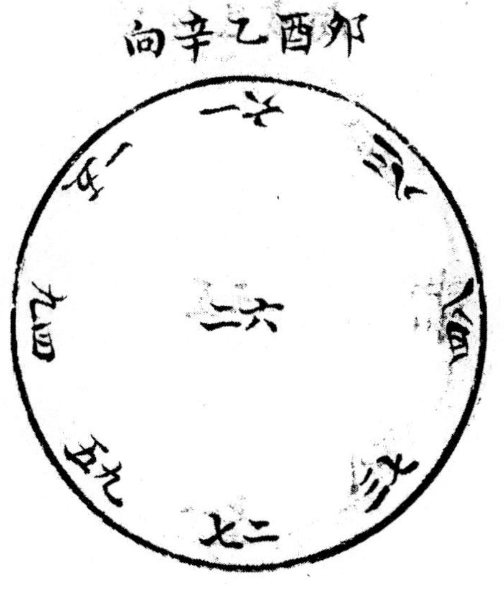
卯酉乙辛向

辰戌向

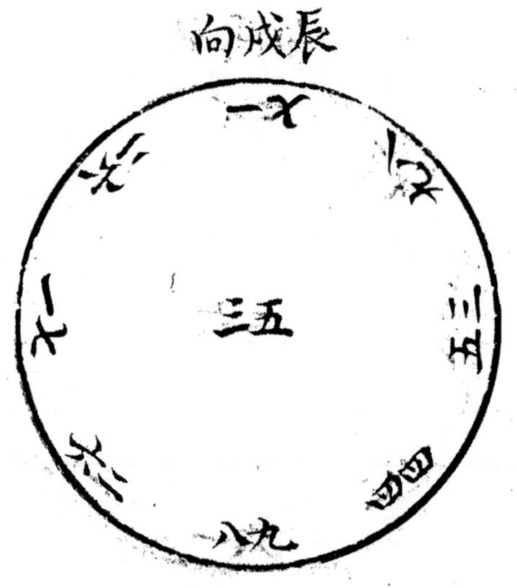

巽乾巳亥向

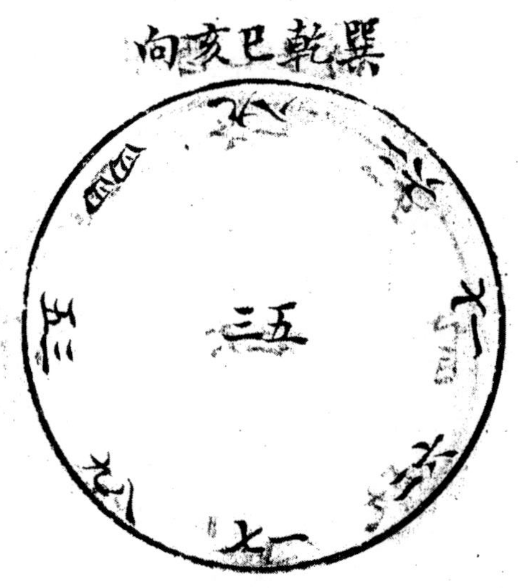

壬丙向

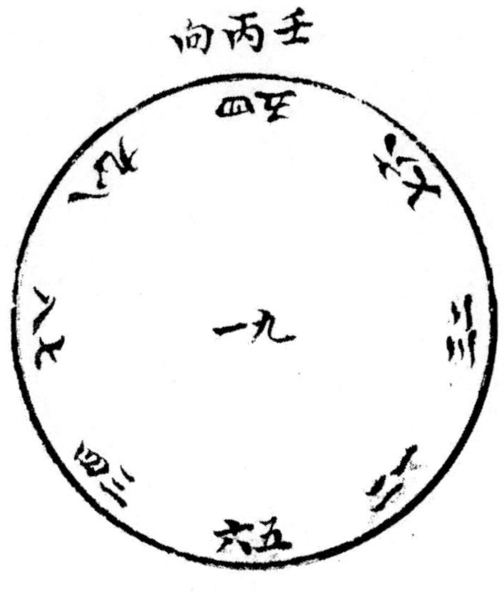

子午癸丁向

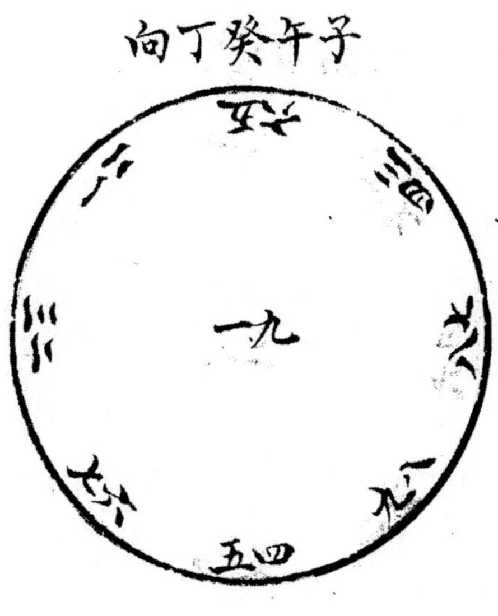

丑未向

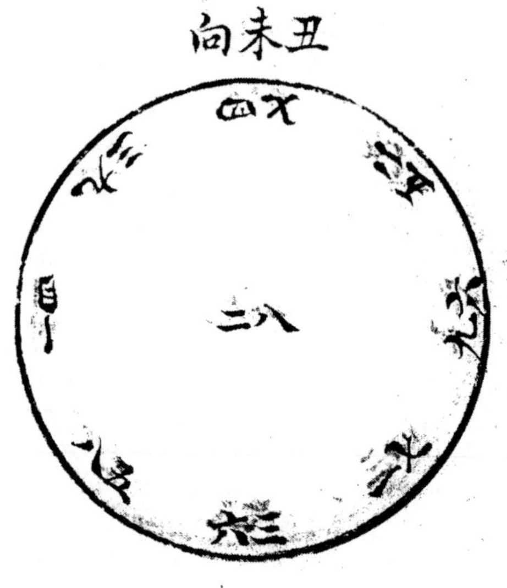

艮坤寅申向

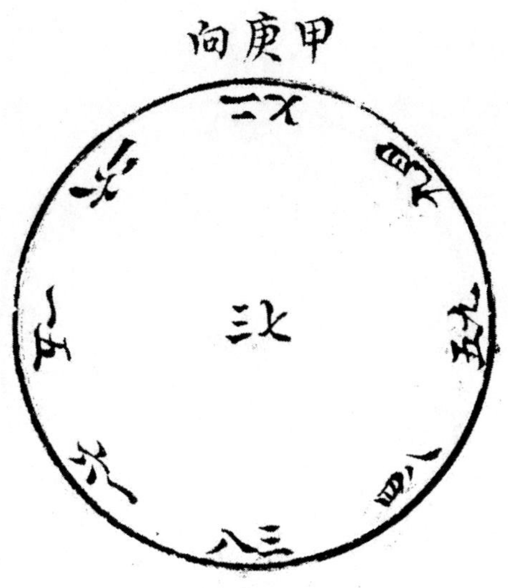
甲庚向

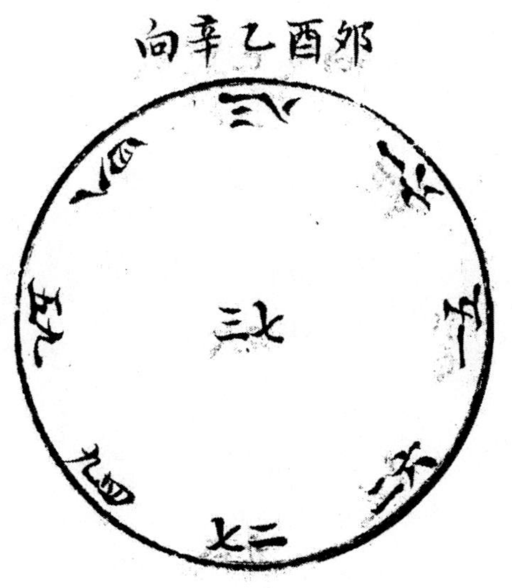
卯酉乙辛向

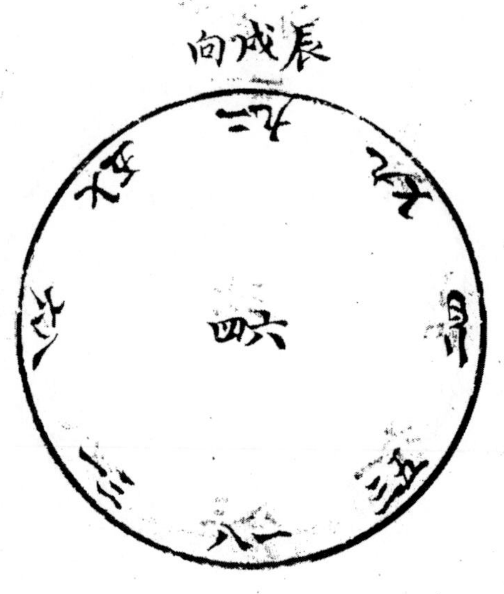
辰戌向

巽乾巳亥向

中元六運

壬丙向

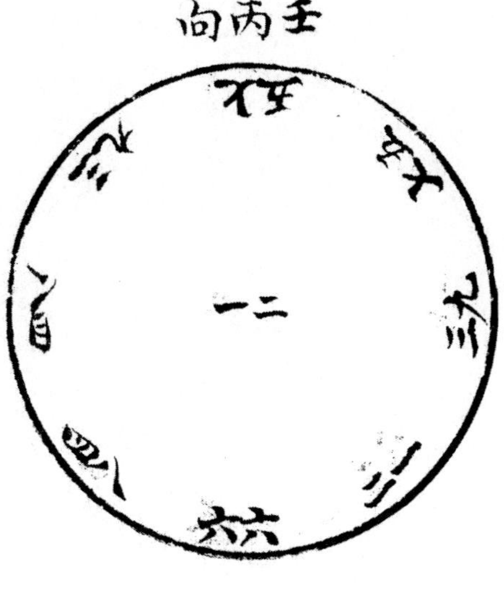

子午癸丁向

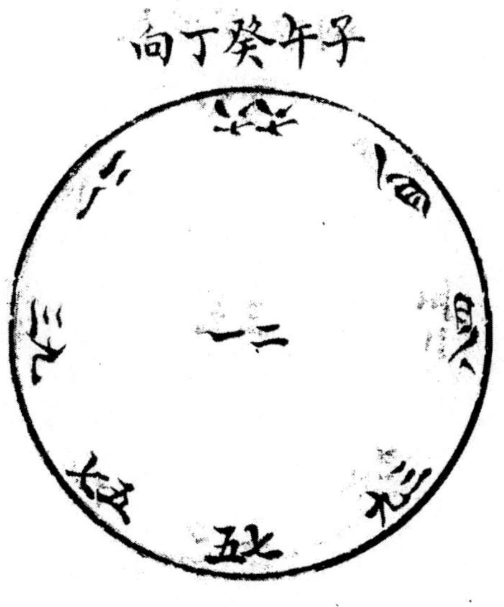

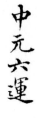

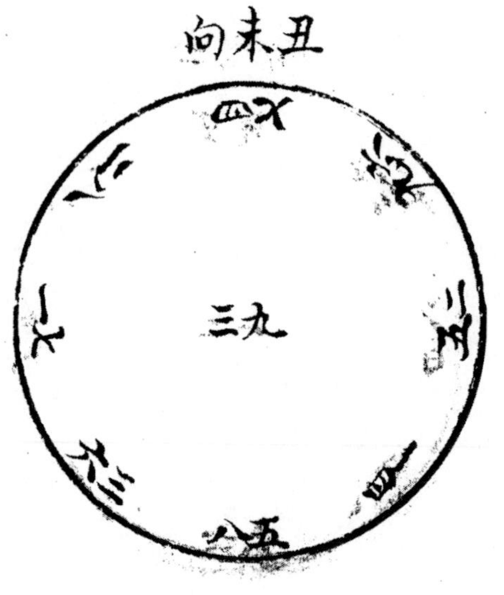
丑未向
三九

艮坤寅申向
三九

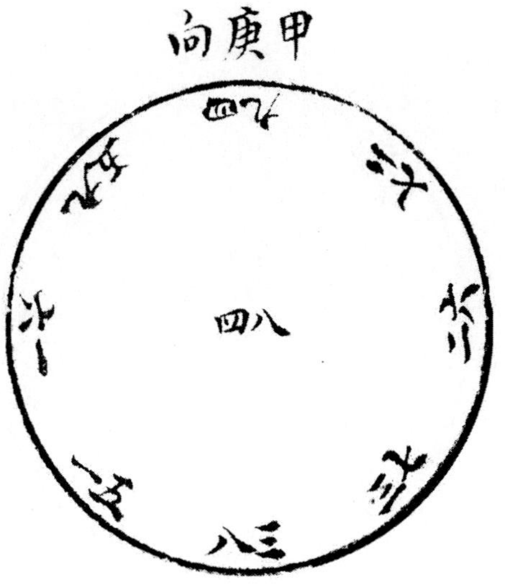
甲庚向

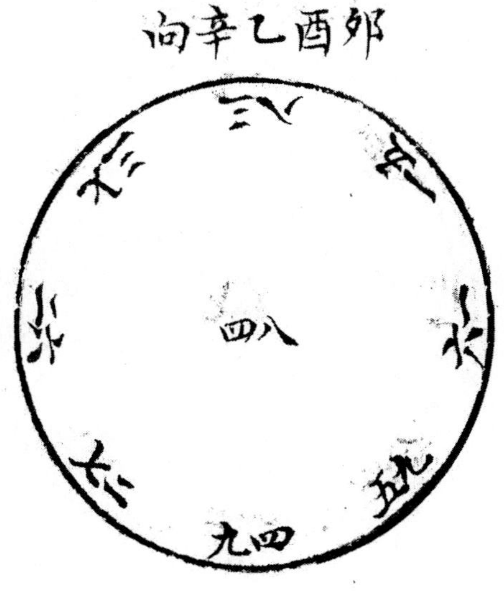
卯酉乙辛向

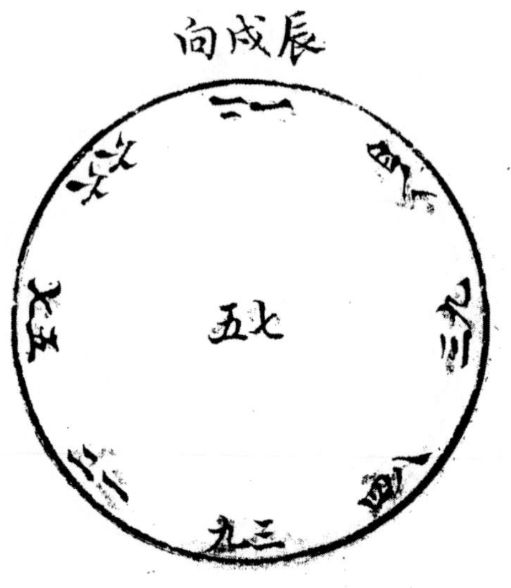
辰戌向

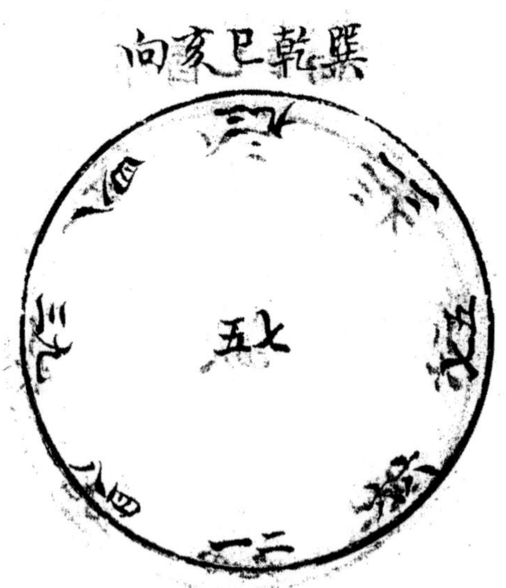
巽乾巳亥向

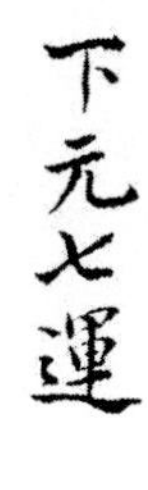
下元七運

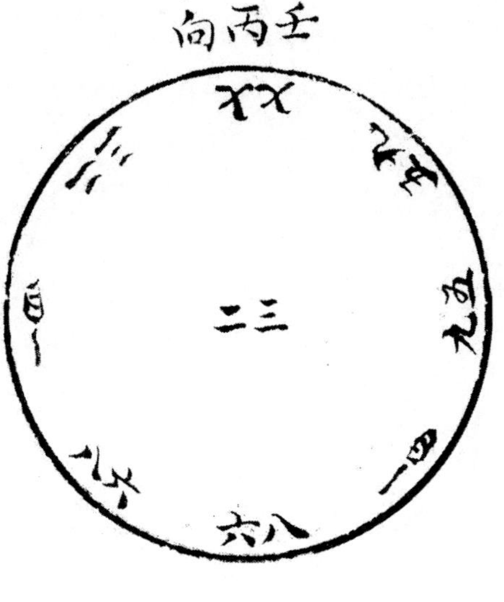
壬丙向
二三

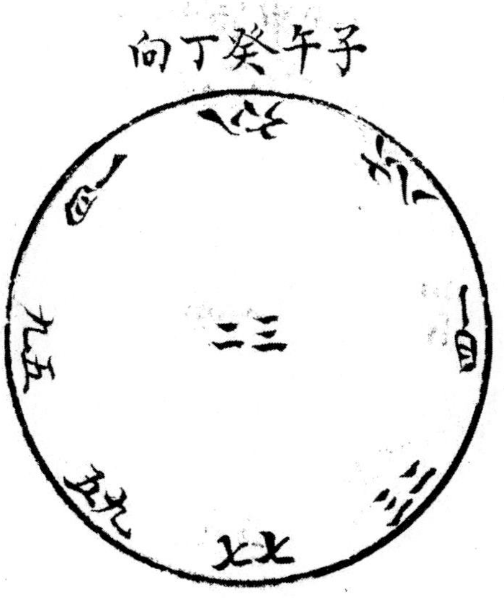
子午癸丁向
二三

丑未向

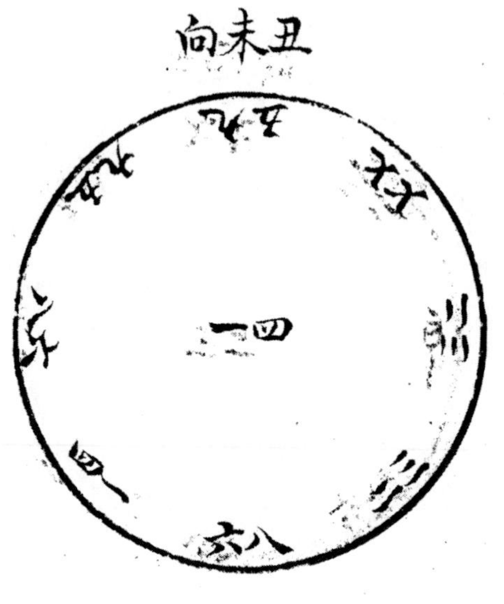

艮坤寅申向

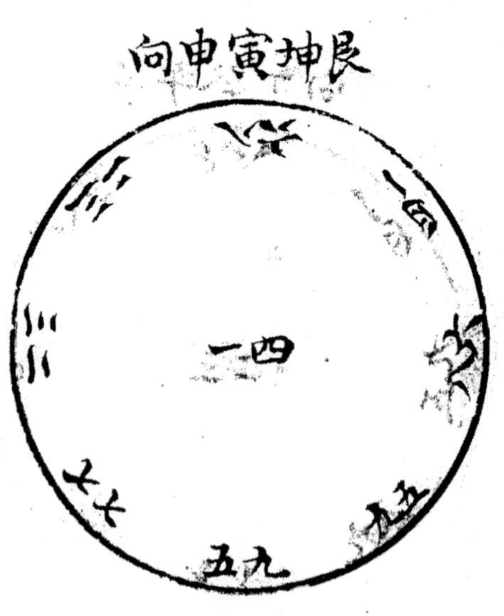

甲庚向

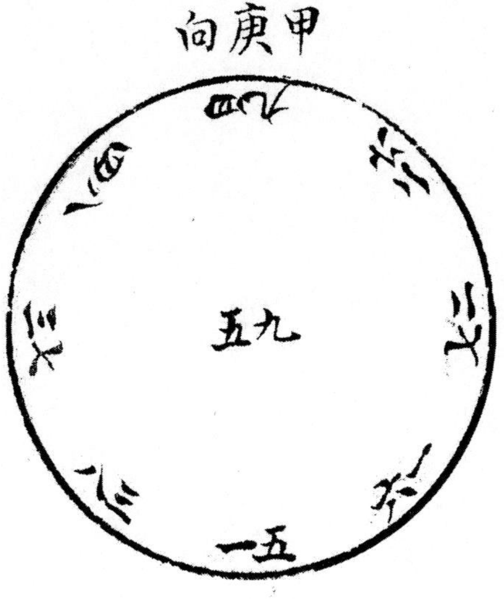

卯酉乙辛向

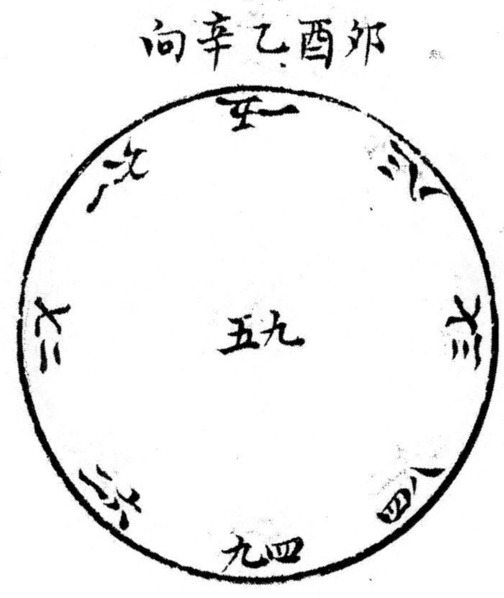

辰戌向

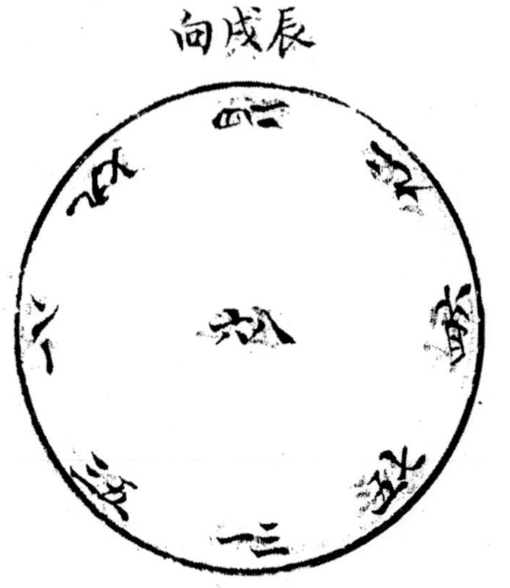

巽乾巳亥向

下元八運

壬丙向

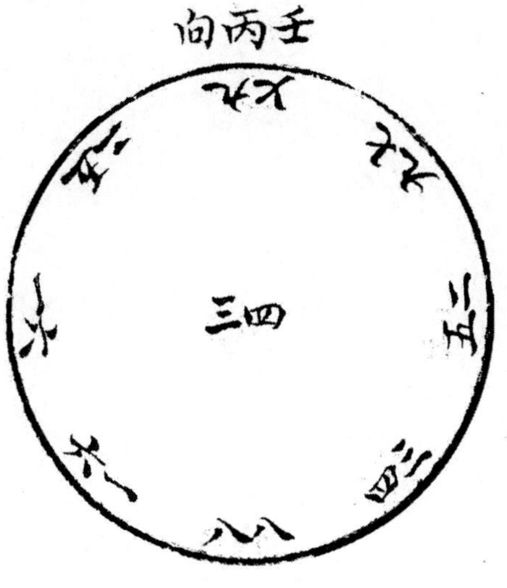

子午癸丁向

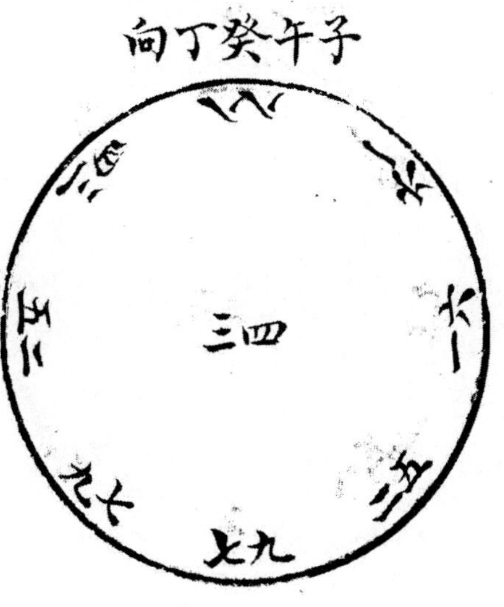

丑未向

艮坤寅申向

甲庚向

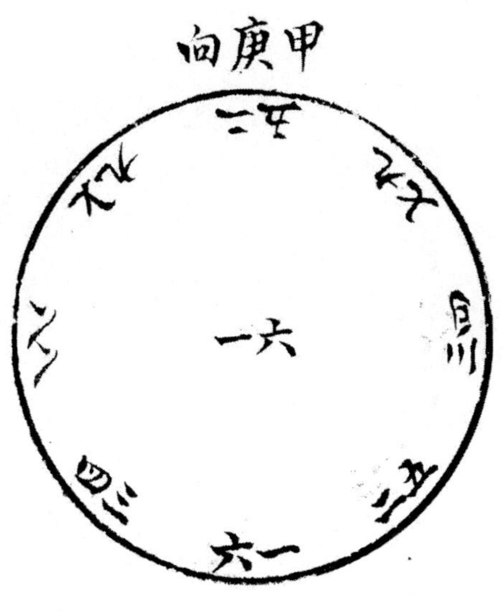

卯酉乙辛向

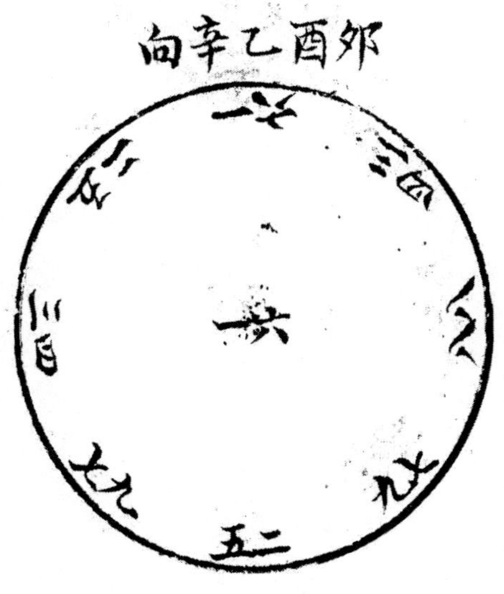

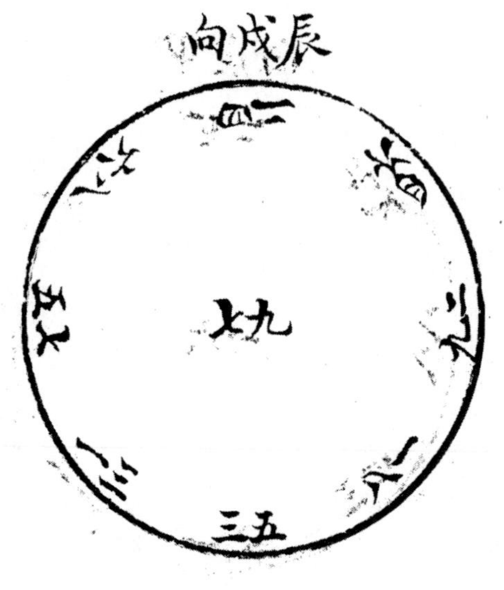
辰戌向

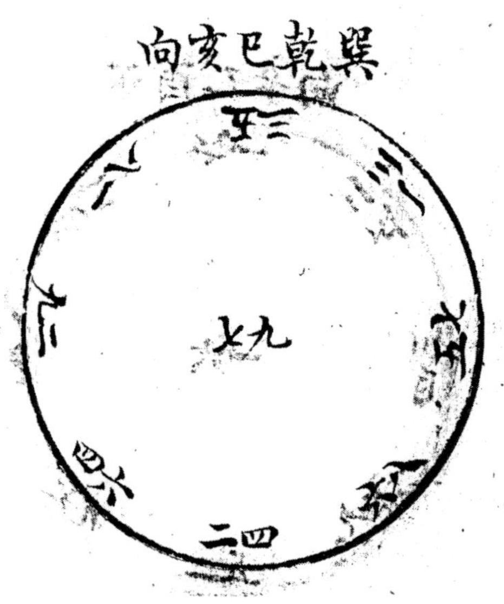
巽乾巳亥向

下元九運

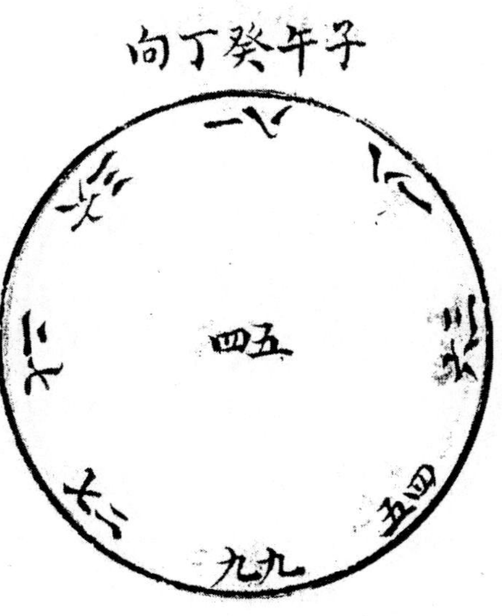

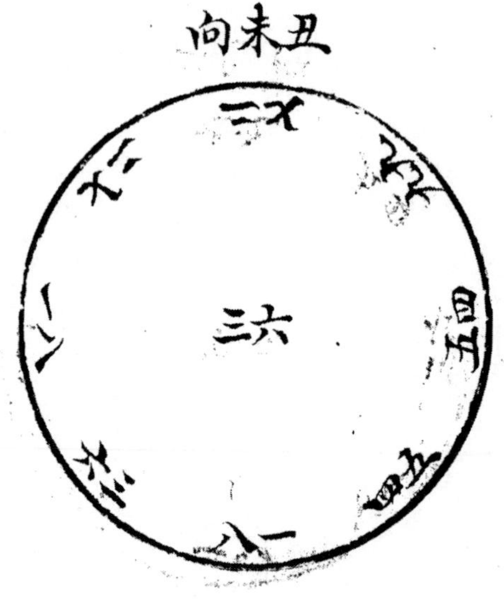
丑未向

艮坤寅申向

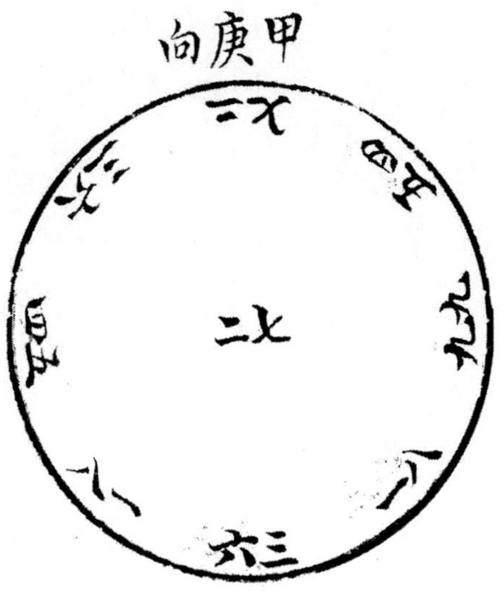
甲庚向

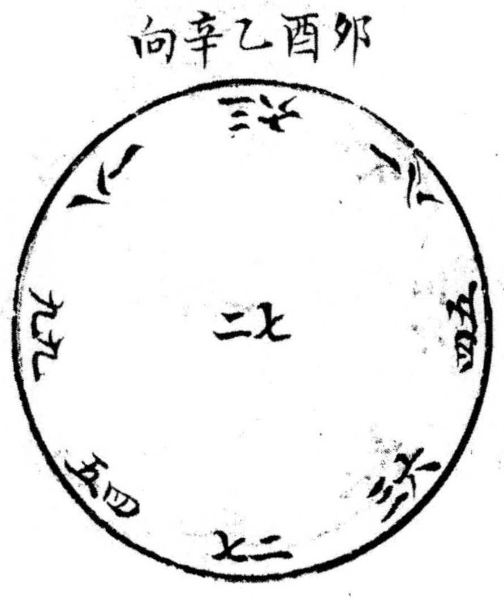
卯酉乙辛向

辰戌向

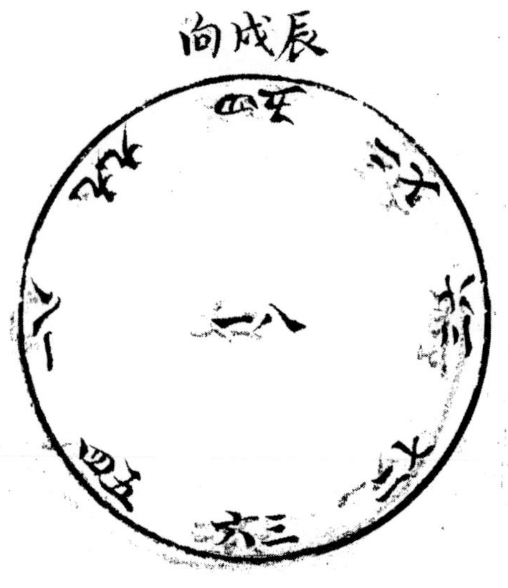

巽乾巳亥向

同治紀元逆亂，初請余閑居里門，偶得地理辨正一書，見其痛詆三合、長生之謬，乃購楊曾地理元文，及蔣公天元歌諸書，與友人孔氏允功互相觀摩，窮數月之心力，暗中摸索，如理棼絲，未能得其端緒，因遂置之，冀遇精於斯道者指迷途焉。迨後棄筆遠遊，允功送別時，囑為留心探訪。余所遇地師不一其人，大抵宗三合者居多，詢以三元挨星之法，率皆茫然；間有略識辨正等書，以三元為是者，而究其底

蘊不惜千錢將蔣公流傳之法於廣陵散錄
絕無己卯春在平望幕李照錫山章子宇
生授後之訣於知者擬正直解及天元歌闡義
諸篇之無心道人即為宇生曾祖詢其家學

無心道人名甫字仲山子雲孫貢煥以堪輿世其業

得其三元九運挨星翻卦之法另有直捷要
訣因其淺造化之秘故蔣公諱書中亦不肯
明著欲後世穎悟過人者細心體會余自知
樸昧若非明示斷難豁然貫通再三求教承
示三元一二運兩圖並云宜斷吉凶須融通蔣元

空秘旨且宜閲歷前人所裁陰陽二宅即知其乘運衰旺禍福確驗余始恍然有所領悟遂將三元九運演為九圖並以二十四山坐向按洛書九宮陽順陰逆之法繪為七十二圖底立向挨星一目瞭然第此係堪輿家不傳之秘只可藏諸枕函不敢輕以示人日後回里當與允功同玩以盡其數月共事揣摩之若心且明余得自秘傳欲公同志不似俗師之懷挾居奇深秘不宣也

光緒己卯花朝山陰王浚介如氏識

壬丙 丑未 甲庚 辰戌 子午癸丁 艮坤寅申

卯酉乙辛 巽乾巳亥

乾兑為金 震巽為木 艮坤為土 離為火

坎為水

一白 二黑 三碧 四綠 五黃 六白 七赤 八白 九紫

一貪狼 二巨门 三祿存 四文曲 五廉貞 六武曲

七破軍 八輔星 九弼星

此本共六十六頁

天元五歌闡義

光緒己卯二月錄代

平梁官解

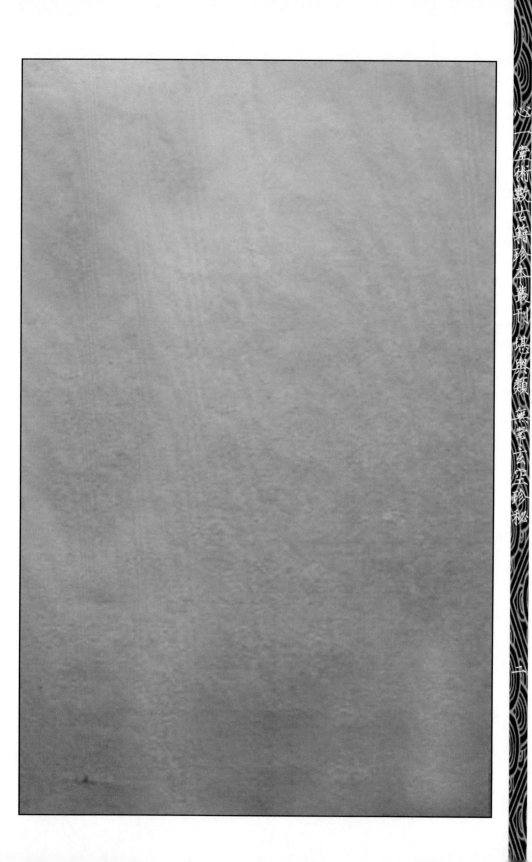

天元五歌闡義卷之一

雲間蔣大鴻氏撰

錫山笨心道人注

門人　古吳徐嘉穀　湖州陳陶生　長洲柯遠峰　金匱陶廉吉　同較

子　雲浤

天元歌一　總義

一元浩氣藴三象混沌初開氣升降天清地濁成兩儀
陰陽互根氣來往山川土石象中氣日月星辰氣中象
二氣相抱不相離獨陰本是清陽相惟有人為萬物靈
亦配乾坤歸參兩一人自具一天地卓立三才不相讓
元陽本是天中來形從大地產根荄為人父天而母地

總義

此是生成妙化裁天元降生地元中猶如父母構成胎十月嬰孩非父職三年乳哺母之恃人生本天而親地地靈原是天靈栽此章言陰陽一氣天地一體而人與天地合體地受天氣而生人推原地氣蔭人之本

太初無形之氣始於一陽此氣浩蕩無邊包含萬象言三象而萬象咸在其中矣混沌是清濁未分之謂清氣升濁氣降兩儀由此分陰陽由此運四時由此行萬物之所以胚胎即是萬物之太初即是萬物之一陽也地不得天則無所以成天不得地則無所以

生天地陰陽氣一息之離乃萬物生生化化之機也
且山川草木在地之有象者也而其榮枯落升騰墜
藏即是象中之氣日月星辰在天之有氣者也而升
降星移躔晦朔乃是氣中之象靜與動陰與陽形
與氣上下相須而生生不息者乃天地萬物生化自
然之妙也其微難以明言故將父母嬰胎之意以發
明之爾猶大易男女媾精萬物化生之義云爾

生時衣食居屋宇萬寶地產名天祿由來宅相福生人
帝室皇居壯京國死時埋骨歸於土反本還原義攸寓

還從地氣吸天光變化蒸噓露金玉此章言陰陽二宅皆天氣陽精反本化生之妙

順天之氣則生逆天之氣則死乃萬物生化自然之理也夫人之生也一呼一吸即與天地之氣息息相通非但生者得此以生即化者亦得此以化反本還原端賴有形之質足以承天無形之氣足以生質質生氣氣生質天地合其德體用合其宜上行下致陰陽往來變化蒸噓子孫之休咎從此出矣

煉陰仙家解沖虛元骨猶能化百族吉成龍鳳衆靈奇

凶作螻蟻諸惡毒精魂苦與人不知但見子孫生禍福
聖賢仙佛也難逃帝王將相莫自豪名有山川來蔭庇
今來古往不相饒最小千金傭販子亦沾微潤與陶陶
不然衣祿並絕世墓宅不與爭秋毫此章言品數不齊皆屬宅墓之應

上文所言承生氣者是承氣運消長之生氣也蓋承此生氣則骸骨與此氣交合結成諸般靈物若背此生氣而承衰退則骸骨與衰氣交合結成諸般惡毒是所謂氣以成形者也夫此盈虛消長之氣陰陽往來之理雖聖賢仙佛將相帝王猶不能逃其範圍

繼義

況在中人以下哉

所以聖人垂此道遷遞下洛何徒勞後來名賢朱蔡輩

煌煌書冊議最高

歷敘上下數千百年大聖大賢仰觀俯察下洛遷遞

以證千古一法也自一行以來偽法雜出偽者淺而

易曉真者奧而難明間有知者又恐天律有禁不敢

輕洩於是大元空一法從此而較其說惟蔣公得無

極真傳註辨正作五歌數萬餘言發明天玉青囊之

旨天心一卦之端錯綜交易之機陰陽動靜之理哉

瞭如指掌矣

無奈陋儒識見偏誘言求福云遠天世上惜財薄葬者附會此說以文慳一日偷安枕父骨世代凋零百不全直使子孫貧夭絕不孝莫大豈為賢潑擲斷根并腐骨父母魂魄更堪憐（此章言後儒失先賢遺意陷人於大不孝）

先儒固有不信地理之說惟其德可回天天故祐之人定勝天之理也後人妄其德而託其說竟不擇可否而慢諫速卜遂致潑擲斷根諸惡畢備夫為子之道當盡其誠葬宜盡其力親安則子安子安則親

愈安矣可不慎哉可不慎哉

世間萬事半荒唐惟有陰陽不可當不笑不言三尺土

掌握禍福急如火笑人不重祖父墳只注花開不看根

僧道亂毋且相應孫子外甥如嫡親墓宅吉凶較量惡

新壞舊墳也相參墓宅兩興宜最盛宅墓兩廢斷人烟

宅凶墓吉兒孫慶墓凶宅吉眼前歡祖父新阡沾殺氣

高曾福蔭他房去寒林忽發一枝榮若非新宅必新塋

吉少凶多福來短吉多凶少福來遲此言地有必然之理墓宅新舊參合應驗不可以執一論

此以僧道亂毋繼子外甥甚言壞墓之應驗也銅山西崩靈鐘東應理有固然無足怪者然新墓舊墓陰基陽基須審察而新墓尤為緊要耳

更有死骸寒與暖歲久骨枯所致復惡山惡水備曾埋銷索陰霾氣方將初喪氣新骨天靈完葬乘生氣朝花鮮更遇嫩山并嫩水一紀之內錦衣還并將宅氣來相輔并田院裡出官班此并言陽宅之氣連應墓氣

專言歲久骨枯之患即墓吉地須條陰寒之氣消索生氣方能將機新骨是一年半載三月五月之謂也

總義

再求嫩山嫩水用法得宜自然一葬便與父發子榮

世之白屋出卿每多如是乃新骨所致之應驗也

莫說生來命數奇地元一得天星移此是至人造命訣

二十八宿掌中齊

地元者盈虛消長化生萬物之氣也壞地得此生氣

則子孫之生命亦隨之而轉移此即生者命從葬者

定之說也

莫說窮通有骨相勝恍變作渡龍樣此是仙家換骨方

死骨不廢生骨壯（此言地理挽回氣數之術）

此無命無數之說未免太偏歷觀世家大族祖墓必佳即傭販小康墳地亦吉大以成大小以成小古往今來一毫不爽也并有一葬便興者有葬後不數日而即敗者敗與興其權皆在墳地無涉命與相也然則世之拘於命而不問地之可否者固非即拘泥求地而不順天理人情之自然者亦非也

勸君大地勿誤求大形大局少根由縱有千山并萬水

與他穴氣不相投

山水二龍都以神氣滿足情形專一者為的所謂根

由者此也所謂相投者此也如坐下之氣精神渙散
土色之神雖有千山萬水之蓋也

一枝一泡山龍真一鈎一曲水龍神肉眼只憑結局小
箇中生意滿乾坤

此言地不在乎大小在乎神氣而已即一枝一泡一鈎一曲果有神氣何患乎地之小哉苟無神氣何樂乎其地之大哉肉眼拘拘於局之大小而不察地之生死真假者謬矣謬矣

恨殺時師不識真常將假局瞞他人謀占雪壇并舊墓

壞人心術少安甯，豈知吉地方方有，只在眉頭眼下尋。

此章戒人勿貪大局而為假地所誤

專言有意誤人之辭。明知舊墳百計謀占，翻動朽枯腐骨，甚至棄之溝壑，將數千百年古塚磨滅。心術如是，非但不能求福，必招奇禍於目前，即經手用事之人欲免災禍亦幾希矣。至有不顧地之可否，輕易遷人祖墓而從中取利者，甚有明知一葬便凶，因其中有小利可圖而不顧人者，種種辭端，一一指出，為將來者戒。

總義

蔣生二十慈親喪幾度拜人求吉葬家破多因買地差
身衰半為尋師恨幸遇真人無極子授我玄空法眼藏
十年冥悟徹元微萬里探奇走烟瘴識得天元造化根
花前月下天機放

此蔣公自言得師之難身衰家破均由不得明師之
故幸遇真人於遊方之外從遊多年北走燕京南遊
烟瘴徧覽古今名墓參考互訂於窮貫變而後花前
月下隨手拈來無非天機妙用爾

此書不是術家書河洛龜龍太極圖羲文周孔心相契

夏禹殷箕義不磨笈鄭遺文多偽托曾楊口訣世間無
若不傳心并傳眼青囊萬卷總模糊天涯倘遇知音客
留取雲陽醉後歌此章言我師自叙地學得傳之由發明作歌之意而歸重於口傳心授
理氣一法原本洛書即九州井田宗廟明堂算學勾
股及堪輿醫藥卜筮之術皆由此而出故蔣公特舉
諸大聖人以證俯察之理本乎洛書之義也

天元五歌闡義卷之二

天元歌二 山龍

昔日華山陳處士演成太極傳當世推原天地未分時只有坎離水火氣二氣盤亘不相離清者為天濁者地坎離一交成乾坤製造大圜如冶鑄黃輿乃是冶中灰水火煎烹積滓翳首章推原渾天化生之將大地山河成象之初

希夷先生演成太極推原天地未分其氣混沌只有

山龍

水火二氣升降虛无亘古不離摩盪不已清濁乃分清者升而為天濁者降而為地清濁之所以升降都由坎離水火一息不離而能如是也故曰生天地者此氣生萬物者此氣也

山情剛燥火所凝骨骼支撐為砥柱崑崙高頂九霄中
此是中天泰帝宮海外三山縈萬里終與此山脈絡通
陽脈東南來震旦如人正面向離風篤生聖哲臨夷夏
逈與肩背不相同

此言中國大幹有三都從崑崙出脈在大江之左者

為南幹在黃河之左右若為中幹順天關东為北幹此三幹都是崑崙山之正面所產聖賢迴異肩背此背面內外之別山龍平岡不可不察也

大幹三條分主輔三條後有帝王龍帝穴龍神五百里
若然百里作王公但有特龍來數里亦許功名鍾

此章緊言中國三條龍脈大勢

此論來龍之遠近長短以辨力量之大小也

欲識龍行先識起龍若起時勢定比高山莫似削芙蓉

南嶽七十二峯峯之最高者名祝融其芙蓉在湖南

千里層巒皆俯視此龍多生

木火形放下羣枝行八際一枝一葉有龍神正龍端向

中央去只把江南大勢看南龍起頂是黃山江南左翼

九華閩內輔右翼天目蔽東藩浙江左正龍向曲神仙府

即茅山直到金陵龍盡蟠是江甯

此言幹龍氣勢雄健成星成體者每多木火南幹之

勢也所言九華天目是謂江浙諸山直到金陵龍

蟠盡踞方是南幹之正結

山形一起一龍分撥起撥分龍並尊龍神分去氣非穴

正幹偏枝力不均此章言真龍起祖分宗枝幹之理

此章專以山形之起分辨龍體之貴賤又辨正幹偏枝力量之不齊此亦看龍之最要者也龍以分爲貴分則粗頑之氣脫盡水以聚爲尊水聚則氣止氣止水聚其情自然環向山龍平洋大勢然也凡山龍分脈分枝必先起頂分下旁枝即爲偏枝幹龍者一州一郡或千里或數百里諸山莫高大於此山者謂之幹或早晚有雲霧生其頂者亦謂之幹幹龍氣老結穴最少果有真結力量最大偏枝旁脈力量稍殊正幹者即數起數分之正脈也正脈來愈遠分愈多應龍

山龍

歇之氣餘者此之謂分者之分

看龍看起復看斷元辰真龍斷復斷斷時百里失真踪
穿江渡海情無限山根要曲地中行不是仙人誰著眼

此章言真龍斷復斷之妙

上文論龍之起分此章言龍之跌斷蓋龍之分也必先起而後分龍之起也必先伏而後起真龍之勢然也此章不言伏而言斷者何也斷也者伏而將起之謂也伏而將起起必雄健故伏以斷爲貴也

識得斷龍方識結結穴元微最難說世人求穴近大山

且要案山龍兩夾豈知大山龍來歇縱有窩藏反走泄

真龍偏結曠野中踴躍奔騰不怕風饒他落在深巖裡

也要平坡茅家空好龍勇猛向前奔從龍不及過關門

譬若神駒日千里雖將凡馬跓其歷亦似三春抽嫩筍

從龍如籜抱其身一朝雷雨干霄長節節高籜落不相親

時師只怪衆龍兩真真龍真兩穴中鎖會得天然龍兩時

浪打風吹皆樂土此章言真龍結穴變化之奇而譏時師泥用外砂之謬

斷者伏也凡真龍將到結穴時必先伏而再起者為

貴至若出洋脫劫伏而起起而伏穿江渡河蹤跡端

俛最難着眼龍之結穴要處元微深山老幹踴躍奔騰頓跌起伏之情形人所易曉出洋脫劫變化不測將到結穴時龍之蹤跡愈變龍之機勢愈疾左右從龍似有追從不及之狀俛眼每用左右夾砂棄而不取要之真龍結穴之際定不旅行外纏夾護隱隱相從或貼身左右有蟬翼陰砂或有羅星關攔水口此即為真龍真局又為天然龍局識得此穴不拘湖蕩圩邊風吹浪打之所皆成棄土也

龍神節節顧祖宗如子戀母遠相從若不祖山為正案

另求特案配雌雄百里真龍百里案賓主威嚴真匹配

莫言作案便非龍但是高峰都不賤此言真龍相朝相顧之情形

平洋對三叉察血脈以辨龍之得失山龍看落脈辨

穴情察神氣認生死以定穴之有無乃尋龍之要訣

也所云正案雌雄即蛾眉入懷之類也

辨穴先須辨落脈落脈乃是穴消息頂上生峯脈頭角

兩旁開帳脈翊翼粗枝出細好花房老蚌生珠光滴滴

也有好龍無脈看高岡平草只粗頑彼要祖宗多脫卸

数節之前骨相完

山龍

辨落脈必先辨開面之大小然後再辨落脈之真假如不開面而落者不是貫頂定是斜脊此皆山龍之所忌如大開陽面而脈從中出或從結頂開帳旁落有一段陽和之氣者方是真落脈真結頂故云辨穴必先辨落脈也落脈秀嫩似有似無有呼吸浮沉之動氣者此乃辨有穴無穴之消息也山龍凡有落脈必先起頂或有未起頂而先落者或有起頂而後落者或有從肩落者亦有從腰膝偏旁落者種種不一老蚌生珠等語是言老幹抽枝出脈變有光彩等目

之情狀也另有一種氣脈可尋者必於數節之前脫

劫方真出洋脫劫無多如是

大率真脈有二種速脈飛脈精神過速脈真蹤在本山

飛脈他山後一遇本山定是結垂頭他山半作拋珠弄

也有飛脈遠數里起伏無多龍氣美時師只道餘氣長

或說羅星水口當豈識真龍曉變化草蛇灰線最難詳

數君到此須求盡真龍大盡貴非常近山飛脈不嫌土

遠山飛脈石中數落氣真土來浮泥總是人工難証取

此章詳辨真龍出脈變態

地形相連者為連脈飛脈即渡水穿田之類從山飛脈雖不論土亦要堅細明亮為佳遠山飛脈伏而起起而伏渡水過河粗頑之氣已經脫盡必有真土許有石脈石骨者為最吉也若是石脈又是真土此地必假所云拋珠垂頭是言飛脈連脈結穴之情狀草蛇灰線是言龍脈隱微難於言狀故將草中蛇灰中線以比之

與君細論石中機石是山精骨髓滋時師只怪石是穴誰道真龍石裏奇真鉗真窩石內藏真龍真帶石兩旁

識得枕根龍口石千山玉亂灘心香結穴之石此中推

行龍之石脈胚胎不富其中元竅理滿山頑石豈堪裁

試言結穴有二品石穴土穴貴相準石穴端的是窩鉗

慎莫鑿傷龍骨髓土穴太極暈中抱內象分明外象隱

窩鉗土色不須論太極重輪仔細尋真土原來石變化

不同凡土五華文世人鑿穴但求土若逢凡土枉勞神

此章言石土二穴真機

此節專論石穴石穴多結窩鉗窩鉗之石必須八字

分開卯石脈與左右兩砂之石亦要分清主客塊塊

山龍

有真情向穴者為的石穴真結定有真土土真其色自異不必拘拘於五色也如土色頓異者即謂之暈亦不必拘拘於重輪也果是真結近穴諸石另有一般神氣色澤宜細察之真土開下二三尺即見其色自與凡土不同並有開下數尺有小石如魚鱗者有如冰紋者並有石板一平如鏡者即名枕棺石又為膝蓋石倘見此石斷不可鑿傷亦不可開動有此真氣其下每有青鸞白鶴金雞玉兎之類龜蛇魚蟹之屬一見諸物斷不能受真龍之全吉矣所言土穴滿

山是石獨下穴之處無石又有浮面是石開下數尺是土者有來脈是石貼身起石頂開石鉗而結土穴者種種結變態多極暈內象言土色重輪之象外象是左右形局向背之情真土變化不一難於悉舉惟取明亮光潤堅細為的也土有五色以黃為正鑿穴求土者斷不可拘拘於某龍土必某色之說夫龍氣變化不測土色亦隨之而變化山山不同處處各別堅潤而有神氣光彩者即青黑亦真粗鬆潮濕乾枯而無神者即紅黃也假要之在乎神氣而已何必拘

於青黃赤白之采法耶吾鄉洪雅存太史之祖塋在北門外數里地名前橋閘下尺許土色如墨光彩射人形方如几僅容兩棺其餘皆黃色後發科甲名垂於後又有盛孟巖方伯之祖塋在郡之東夏墅土色青如藍凝質堅如石葬後子孫父子兄弟多登科第位皆通顯此即青黑之吉者可以為証有土山起石頂而結穴者有滿山頑石石下特起靈巧怪石數塊而結穴者有平洋起石脈兩三節而結穴者并有坪田之中特生石峰五六塊而結穴者有石形似牛馬

洋作陽

者有似巧雲者有似春筍者有似日月者有似連珠
者怪巧不可勝计惟撥僕所見者誌之○大凡結穴
之石必要開面面壁立向穴者為妙壁則石性向上開
面向上水從石後必分水分下必有土而且乾暖矣
大忌橫斜冲射橫斜冲射性必向下水亦隨石而下
下必有水即石性在數尺之間斷不能脫盡惟鬼撑
山脚山背之石每多如是
問君下穴有何法正龍正下是真诀時師只說冲腦門
每向龍旁尋倚穴精華走失發不全左右偏枯房分绝

山龍

也有真龍偏側走龍是側來穴是正此是龍身一轉頭

結頂垂頭巧相稱此講下穴之法

正龍正下為專向龍旁尋倚穴者蓋也拘定於偏旁求穴者固非即拘泥於正中求穴者亦非也只要穴結於旁則旁穴結於正則正立穴得宜自無偏枯之患矣夫真龍行走之勢情狀不一惟側走偏落者背面易分如回龍顧祖枝幹相朝種種每多側勢行走之勢雖側到結穴之際或轉身出脈或起頂腰落結頂垂頭之勢却與左右龍虎相稱此乃旁城假主之

勢耳

語君結頂是真訣披肝露膽向君說龍不起頂非真龍

穴不起頂非真穴結頂名為真穴星穴星圓暈產真金

世間萬寶金為貴此是真陽露妙形真龍大地皆同體

還着真金莫放行亦有穴星並四曜不離金體是真精

此言真穴起頂

真龍起頂變即是真氣脫胎出脈之所脫胎出脈之

左右自有護帶纏送蟬翼陰砂如八字樣護衛兩旁

方為真結頂又為真出脈此等落脈到頭定結穴星

穴星亦要起頂如穴星不起頂則真氣不聚立穴無據故曰非真穴也穴星圓暈是言穴星之形象也起頂結穴者每多金體所謂真陽露物形者是也

無極天元無別說只曉真龍并真穴識得真龍與真穴天機造化任我奪不得真龍與真穴我師更有方便法旁枝旁脈有來情只要穴後生一突緊貼突下作穴星此法名為接氣訣人丁財祿兩豐盈亦堪發子登黃甲君看當今富貴墳大都接氣非真結此章言接氣穴法

來情者脈線之謂也凡突必要來情方為真突用接

氣法葬之自能發福但有突而無來情便是假突此種穴法易於誤人故特辨之再者雖有來情亦要辨清來情之背面生死而後用之接氣二字之真自得

亦有真龍向前行腰間脊上有三停湊着龍身下一穴此作騎龍斬氣名（此專言騎龍斬氣法）

騎龍斬關是看龍尋穴之法龍有起伏頓跌濶狹緩放之勢有開帳起頓曲動行止之情亢跌者伏者收而束細者此皆龍氣變化分脈分枝自然之勢也古人所云峽前峽後可尋龍者此也大地都從腰裡落

山龍

亦此也凡過峽束氣之前後腰間脊上稍有動氣情形呼吸浮現之嫩脈下穴於此謂之斬氣又名貼脊真氣將伏未伏之際左右前後從送必有欲前不前之勢欲止不止之情將起未起之際必有迎前送後之情形下穴於此謂之騎龍騎龍之穴堂局砂水及一切用神都以左右之迎前送後者為貼身之輔從有天然局面者為的也

真龍餘氣本非穴種背來時氣未絕亦有龍旁一脈垂是歸流神皆向發世人見發說穴真豈意龍頷剩明月

此言不得真穴而得餘氣流神者能發福也

偏側分枝有動氣者謂之旁脈流神二字以狀動脈情形似水之流動也

嘆君受穴際中粘莫嫌湊急出毬簷得龍脫脈真元散受水乘風禍不淺此言中言葬法不宜脫氣以下直指山穴諸忌格

立穴之法先看其情形相其動靜察其左右觀其四程當緊則緊當寬則寬隨地適宜總以接氣為佳斷不可脫龍脫脈山形高低起伏頓跌曲動變化不測有類龍之情狀者故謂之龍也龍也者變化不測之

謂也脈也者聚精會神之謂也細而軟動而微和而緩如人之六脈一般有呼吸浮沉之動氣者是也葬宜得龍得脈為要如挑得龍脈用於偏旁界水之際難免受水棄風之患矣

我有真人枕中記說與葬山諸大忌一一分明告世人廣渡群迷長生意第一切忌下空窩空窩積水寒氣多葬下淋沮骨腐爛子孫絕滅有奈何凡有水淋生大咎左淋長子先不宥右淋小子少安寧當背淋來皆莫救

大凡窩穴必先起乳突而後開窩窩中有生唇毡此

為真窩但有窩上氣乳突下氣唇毡便是空窩此窩水必多故以此為第一忌也

穴氣貼肉若坐空定有淋漓向穴冲水流割脚猶堪忍水若淋頭立見凶此節言山穴忌空窩忌淋頭平陽忌割脚

貼肉即球簷之别名坐空非平洋坐水之空謂下穴於氣貼肉之所即為坐空穴氣貼肉自有水淋之患

第二切忌下平坦穴居平坦真情散坐後全氣貼體星平坡瀟蕩生憂患此節言穴忌平坦

平坦必須界水清楚脈有來情穴之丁財亦是但得山龍

平曠處宜起伏宜泡宜突宜收宜來又宜貼體星辰又宜小水界清束脈入首又宜動氣此謂之真平坦平坦之地氣散局寬立穴宜擾定有蟲蟻水濕風吹氣散之憂故以此為第二忌也

第三莫下天風劫高山頂上空宜穴高而有穴不為空宜穴天然真劫煞八面風搖骨作塵此是風輪不可說

此言穴忌天風

山頂穴貼身左右必須陰砂抱繞石紋拱向藏風聚氣結成窩鉗之形而有天然局面者為的即前後左

右之護從必須面〻相向山〻環繞層巒拱迎者爲的也若四勢邊有邊無從山半向半背貼身又無陰砂抱繞便是天然劫煞下後災禍立見骸骨易化爲塵故以此爲第三忌也〇高山頂上結穴最多即有都是神廟仙壇多應結穴孤露而應如是

第四莫下龍脇背龍自他行氣不聚縱然穴後不空虛墻頭壁下無根蒂 此章言穴忌脇背

背即背面之背砂飛水反亦謂之背大凡形反有情不內顧山背者氣必他行故此山龍平洋凡背俱忌

脇即左右偏旁餘氣已盡之處雖立正面真氣不到即有後山其穴毫無干涉故曰墻頭壁下也如貼身另有小水界清來氣則氣聚內堂又有一點真水止蓄於穴前則氣止有此一止則氣脈不止矣主山朝案雖是借用下之亦能發福若脈氣水界水氣止蓄穴之究禍雖不立見子孫定主伶仃故以此為第四忌也〇以上種種都非的穴之真情似是而非恐人誤認故特指之

總之真穴少人知只言怪穴不易窺正穴正情原不怪

須將福德合天機（此乎言真穴非怪惟有德者當之以下皆辯明書俗術從來之誤）

有怪穴無怪龍識得真龍千變無窮之態方知怪而不怪之妙矣正穴正情謂龍易識穴易知即端頭正面人人共識之地也然其用法之得失全在乎人之福德方能湊合天機何況怪而奇者乎

恨殺堪輿萬卷經當年曾有滅蠻名假托曾楊為正訣不誤蠻夷悞後生

此言堪輿書之誤人由來已久自唐一行造滅蠻經至今不悟故蔣公特為指明以醒當世也

山龍

陰陽兩淨卦中來陽龍節節是陽臨陰龍剝換亦如此

只取清純向首排此辨依術淨陰淨陽之非

淨與不淨即出卦不出卦之意山在山之卦內水在水之卦內山得山之用法水得水之用法此謂之兩淨又謂之清純如辨龍體之陰陽則以開陽開面者為陽收束收斂者為陰如論氣運消長之陰陽則又以長者為陽消者為陰來者為陽往者為陰也如論干支顛倒之陰陽則又以隨時得陽者為陽隨時得陰者為陰也斷不是某干屬陽某干屬陰之呆法可

知矣

若是嫩龍終是嫩乾坤艮戌皆英俊若是老龍終是老巽辛亥艮未為寶此章力辟俗術以巽辛亥艮為嫩乾坤艮戌為老之非

龍之老嫩生死是言龍體之形勢活動者為生直硬者為死秀嫩滋潤者為生粗頑乾枯者為死斷不是左水到右右水到左掌上排得長生旺者為生死也又不是乾坤艮戌巽辛亥艮之老嫩也所言老嫩是氣勢情形之老嫩非方位干支之老嫩讀者莫誤

浪說貴陰而賤陽天下奇龍阡葬步五星只取影中形

九星變化亦非真此節辯陰陽貴賤之非

此節申言世俗誤認方位五行而論龍體陰陽貴賤之非即拘五星九星之安體而定貴賤者亦非也

撰出後天生與尅豈解先天大五行先天五行氣生尅一陽變化皆太極真木原從火裡生真金本是水中出語君休忌尅胎龍木金水火原非逆此節辯星體五行生尅之非

此言俗術以來龍之星體方位之五行辯來龍來水生尅之非

更把方隅分五行左迴右轉別陽陰生方旺地求高峻

堪笑時師掌上尋

此言諸家五行將陰陽采裝於二十四山再以水之左來右到分陰陽而立向消納者甚屬可笑豈有活潑靈動之機隨時變易之理硬派於二十四干支亘古不移有是理乎

生龍亦有生之情死龍亦有死之形生之死之隨龍變豈在方隅順逆行（此辨方位五行生旺墓絶之非）

龍之生死是言龍之形勢氣色之榮枯精神之有無氣運之得失而辨生死非以方位干支而論也

山龍

或取喝形來點穴此是仙人留記訣好穴難將告後人
記取真形揣摹合混沌初分即有山世間萬物後來添
器物衣冠時代異那得生成太古前子微玉髓巧分明
只為峰巒論怪星若說龍胎真有相後人尋揣失真情

此章辨喝形點穴之非

喝形點穴之法先識龍真穴的再看星體巒頭或有穴情與形相肖者方喝某形此是仙人指教後學揣形求穴之法也今人不辨龍之有無氣之生死情之向背穴之真假一見山形水勢有類龍蛇者即以龍

喝穴法下之有類牛馬者即以牛馬穴法下之有類衣冠物件者即以衣冠物件下之隨形下穴救此牢不可破之見甚屬可笑夫山川之情性變化不測穴情之隱顯偏正不一豈可拘之一形有失山川千變無窮之妙耶

山上龍神不下來先賢真訣分明語時師却把水來論衰旺順逆總無巴誰知水法不關山失水乾龍會上天直瀉直奔皆不忌蝦鬚蟹眼莫求全此辨山穴兼論水法之非

山龍蓋以山為主既以山為主當以山為用是理之

當然也何故不用山而反以水之左來右到衰旺病絕紛紛無已耶

雲陽本是先天老　衆說紛紛如電掃　血淚沾襟歌復泣　天機泄盡誰人曉

此卷蔣公非為巒頭而作謂世俗誤聽偽法認真為假認假為真舉世若盲迷而不悟為害莫有大於此者故作此歌及辨偽諸篇將假法之所由一一指出又將山水分用之法重言以詳辨之耳

天元五歌闡義卷之三

天元五歌三 平洋

天下平洋大地多平陽龍法更如何世人盡失平洋訣
却把山龍涸揣摹

山有山之龍神水有水之龍神山有山之用法水有
水之用法青囊天玉辨之已詳今因水龍之法世人
盡失其傳誤把山龍之法下求乎水故此首重即指
平洋

其與而於下文申言水龍之體用也○平洋龍法盖有數種如山東一带水深土厚地勢平曠連綿數千百里起伏行止來踪去跡总從模此謂之平原平原取用之法與山龍兼得水龍者相等惟平原之水都是田源溝渠之類須從隱隱微茫之際看水之聚不聚再看氣之止不止氣止水聚穴必結於此矣平原之法雖未盡舉實不外乎此又有一種氣勢雄健屈曲活動來有踪去有跡起有頂伏有斷一切行度有類山龍惟不及山龍之高且大耳此謂平岡平岡

取用之法亦以山水兼得為佳如嘉湖地氣平薄水多氣散地形相連遠者數里近則一里半里而已即其起伏高低不過數寸之間此謂之平洋平洋氣散水渙甚難着眼須從隱隱微茫之際看其氣之聚不聚再看水之止不止氣聚水止是謂真結平洋取用之法原不異山龍異于以水為龍也又有一種龍身闊大地勢開陽多縱放少收束收則有類平崗而無其結鍊放則似乎平洋又較為稍厚去跡來蹤亦可明白此謂之平陽平陽尋穴之法以氣止水交主賓

相得為要也

平陽原不與山同郭璞分明說水龍水龍一卷從來秘不敢輕傳洩化工我代雲陽行普渡一言萬古鑿鴻濛

神呵鬼責甘心受造福生民在掌中

此言水龍之法始於郭璞即楊曾亦宗此法恐洩天機故前人秘而不敢宣也惟我雲陽一片救世之心竟將元機盡洩造福生民以廣天心仁愛之功鬼責神呵亦所不計也

山形來落有根原大地平鋪一片氈首尾去來安定所

分枝過峽不須言莫把高低尋起伏休精渡水復穿田

此言山水二龍形體之不同即下穴立向亦山有山之用法水有水之用法耳

山是真陽神立骨地是純陰精立血山常葬骨不離肉地惟葬肉不離血人言生氣地中求豈知地氣水邊流流到水邊逢水界平原浩氣盡兜收（此發明平洋之穴以水為龍與山龍來脈迥異）

大凡龍得水則活氣得水則聚脈得水則清穴得水則的水行則氣行水止則氣止陰陽自然之理也龍

平洋

到水邊又逢水界氣止水交穴必結於此矣所言骨不離肉肉不離血高山平陽體用交盡于此矣

水龍原不異山龍將水作山以類從水龍即是山龍樣支幹分行事事同大江大河幹龍形小溪小澗支龍情幹水瀠蕩少真穴猶如山高無正結支水屈曲情相得譬若成胎有孩脈山性本火主炎上水性純水主潤下炎上高起是真龍潤下低蓄是朝宗山穴後高丁祿盛水穴後高絕無踪自上而下山之止自外入內水之止山來多止止求真水來多止止貴神若是止形皆可穴

頑山頑水盡黃金以上言水龍行度與山龍支幹落脈一體看法水龍與山龍所用高低之
異水龍山龍各有其止
此言水龍幹枝行止與山龍一般山龍真結幹枝從
龍各有真止之情形真情之向背真穴之證據如是
凡有止者皆為我用方是真穴水龍亦然神者山有
情水有意體用兼得之謂也
我有水龍真要訣水龍有轉是真結直來直去龍之僵
有灣有動龍之活一轉名為抱穴龍抱穴富貴在其中
二轉三轉貴不歇四轉卿相不須說

此章辨山水二龍老嫩之情狀山以屈曲活動土色精神背面生死及草木色澤均以滋潤有光彩者為嫩乾枯者為老也水龍幹枝老嫩則以大水為幹小水為枝三轉四轉者言幹枝大小生動活潑之謂也如浜到止變或鈎轉抱穴或曲動有情此謂之嫩又謂之生如僵直淤淺外寬內窄愈到止變愈狹愈淺此謂之死又謂之老富貴不歇總言三轉四轉抱穴曲動之妙也

轉變不分名息道轉入分流名漏道惟有息道是真龍

漏道多轉總成空轉水不漏皆堪穴不必止處求盡結轉處不分謂水不分流也若分派分枝仍歸一處消者此謂發源又為來情又名息道切不可因其分派分枝謂之漏道也若分處而有水去者此謂真漏道二宅均忌

盡結原來是龍頭轉處腰腹亦兼收龍頭偏側俱精妙腰腹完全力始優此言水龍轉結真機

大凡水之所聚即脉之所鍾水神抱繞曲折之處即是氣脉傳留止蓄之所此云龍頭腰腹種種皆是平

平洋

洋就水立穴飛邊吊角之捷訣也

求全不必水來多一道單纏最太和更有旁龍從外護愈多愈美酒添酥雖取犀龍為輔佐還從一道作龍窠別有雌雄兩道交交時却似馬同槽此是水龍奇妙格相吞相戀福多饒以上言水就結穴以內水一道為主又言水龍交氣之穴

貼身抱穴小水不必過多多則易於雜亂又恐脫神不固抱穴有情要只須一道便吉一道即玉帶乙字之類抱穴情形有抱養太和氣象者更吉至外面護佐之水則愈多而愈美若全龍到頭要仍以一道為

用也又有一種一水從左來一水從右來一雌一雄
兩路相交此是水龍之青極所云相吞相戀是陰陽
相得之情狀果能如是三元不替之吉壤也
水中亦有穴龍星五曜時時現正形五曜只求金水土
木星有持水之情直木火星皆最忌水形吞吐露金精
若應三垣并列宿官階品職自分明但取穴星親切處
不離金土蘊真靈此言水龍星體
山龍有五星九星正體變體之形水龍亦有五星九
星正變之象此云只求金水土者即寶照專取貪巨

武三星是也木星有將水形吞吐是即靜中求動死中求生之意所言三垣列宿謂水龍形體亦有應天象者要之環抱曲動有情者為吉直硬無情者為凶

木火二星形象尖直故忌

五星論定穴應裁三法千秋慧眼開生水騎龍為上格

挨龍依水亦佳哉向水攀龍非不美後山有水始無哀

掛角并兼三法穿莫親漏道損龍胎此章直指水龍裁穴之法歸本於隔水而最忌漏道

山龍論結體之五星平洋論水城之五星是認龍立

穴之要訣也三法即坐向依三法是平洋就水立穴定向之法坐水向水依水總以得水為先也如坐水而水弗得非但不能為福最易發禍向水依水亦然用法即得水道分流亦不能為福也總以體用均得為佳經云穴要窩鉗脈到宮正謂此也〇不拘坐水向水依水及飛邊而角諸般用法總不離察血脈認來龍對三叉細認踪補救直達兼貪兼輔者耳

龍胎雖固稱入心遠水安墳死氣侵沾著水痕扦貼肉

陰陽交度自生春 此言水龍下穴貼水為妙

平洋

山龍葬不拘脈此為脫龍平洋遠水安墳便為離血太近恐失穴情太遠又恐水氣不接必須龍水交接之際陰陽相得之處為佳大凡山水二龍立穴之法貴在不接不離惟此水及全龍到頭者則又以愈近而愈妙也

平原春到好栽花挹注盈虛氣脈賒真水短時結氣短真水長時富可誇長龍定主源源貴短龍只許富豪家

照穴有情者謂之真水即元辰水是也或溝渠田源有止蓄情形或本身界水到穴前將身特朝屈曲活

動有無穴真情者亦謂之真水真水者對脉來情之謂也此水之來必須深遠悠長為貴所謂龍來長短定枯榮者是也

平氣不如環氣是龍逢轉變發萌芽更有一端分別要淺深濶狹辨龍車此章辨水龍形勢淺深濶狹遠近長短裁取之法

平氣環氣是看水城之情狀而辨力量之輕重也龍車者屈曲活動旋轉抱穴之謂也水神既有屈曲抱穴情形當辨某方濶某方狹某方向某方背某方來某方去辨清方位幹枝濶狹重輕遠近長短方可立

向消納從中趨避耳

水若乘東歸秀龍空東湖蕩是痴龍得運痴龍能富貴
外情内氣要相通帶秀痴龍尤顯赫痴龍後蔭福無窮

此專言湖蕩水龍格法

散蕩無收者謂之痴龍大幹小枝兩水相交屈曲活動有潤有狹有收有束者此為痴龍帶秀外情言形局向背之情内氣言挨星得失之氣要相通者即相女配夫幹枝大小遠近各得其宜之意也内外二字其說有二一以幹枝分内外一以體用分内外二說

皆是如論形勢以幹為外枝為內如論體用則又以體為外用為內要相通者謂形勢體用均歸一路情性相通也

從來水路從天成不同山骨先天生山骨補培終不應水脈疏濬引真情當年若著修龍法修著之時旦夕靈莫道人工遜天巧江河淮泗禹功平此章言水龍修補之法以上論水龍巒頭體格以下論水龍理氣作法

山龍本無培補之法令人動云接龍甚屬不經水有疏鑿之理古人設法挑修往往取驗然必須去來得

平洋

失細心看準當鑿則鑿當填則填自能取效於旦夕間也倘不明元空之得失水情之來去胡鬧亂鑿徒取目前之適觀者是爲瞎修非但不能求福必見災禍於目前也

水龍剖盡骨生香入用元機不可量

元機即隨時變易之元機所謂天心是也苟識此變易之元機何位何宮倒地翻天之奥三元九運之機自能了了矣如不識變易之元機談八卦論干支一切說元說妙都是盲言瞎論豈能辨得失于毫釐之

際哉

此總結上文數節之意謂水龍幹枝大小曲直動靜生死俱已剖盡惟入用元機變化不測毫釐千里甚屬元微下文乃全露其機宜細察之

八卦三元并九曜毫釐舛錯落空亡（此章言三元九曜入用元機即青囊察血脈認來龍對三叉細認踪之意）

八卦是言來山來水方位干支之純雜三元是言山水氣運之消長九曜是言三元九運往來顛倒之機補救直達之妙此三者是山龍平洋巒頭理氣之綱

領必須體用合宜山水兼得方為盡善稍有一毫舛
錯即是空亡吉中有凶不成美器矣
問君八卦如何取洛書大數先天矩五帝三王締地書
九州九井都經紀（此言推原理氣之所由）
蔣公恐人不信特舉五帝三王九州九井皆宗洛書
此尔推原理氣之所由來也近因世俗諸書都泥于
支上着眼不能領會元空故將洛書錯綜之理九星
變易之機重言以申明之耳
朱子曰天地之化往者過來者續陰陽寒暑晝夜之

變而已陰生陽陽生陰寒而暑暑而寒晝而夜夜而晝一道之往來而不已也其理不偏不倚常行不易而成化也理也者形而上之之道也生萬物之本也氣也者形而下之之器也生萬物之具也是以萬物之生必本此理然後有性必本此氣然後有形又云太極理也動靜氣也氣行理亦行二者常相依而未嘗相離也理者天之體氣者天之用太極之動靜即天心體用之變易也

只把九龍一卦裝莫憑三八分條理識得九龍龍骨真

平洋

骨若不真飛不起　此章中言三元九運五行顛倒之機不以干支分順逆者方真一卦真則九曜旋飛乃靈耳

九龍即九運一卦即天心正運之一卦旋轉乾坤顛倒三八都由於此順逆陰陽亦由于此苟能識得天心一卦之端方知隨氣變易之機隨時而在之理矣隨時而在九龍之骨方真若拘拘于二十四山分彼此辯復勞者天心旋轉之機何曾夢見耶

九龍八卦貴乘時上下三元各有宜葬着旺龍當代發葬着平龍發跡遲葬着死龍憂敗絕縱然合格也難支

不是八神齊到穴出元之局莫相依此言水龍八卦三元氣運衰旺

九龍即九運八卦即八方謂既有九龍八卦自有盈虛消長之機往來進退之理既有往來進退則三元九運各有衰旺理之必然者也所云八神齊到者謂來山去水方位干支坐山朝向山上水裡變變相宜之意也或體或用一有不合切莫相依

定局惟看貼水城毫釐尺寸要分明吉凶得失在乎貼身小水毫釐尺寸

闡之

毫釐尺寸是言貼身小水方位干支遠近長短濶狹

重輕之辨此乃平洋裁穴定向之最要者也稍有不合便成差錯其可忽乎

更有照神能奪氣外洋光透失宮星

照神者即登穴所見之遠水也有有水而不見者有見水而光不甚大者有見水光更兼形勢浩蕩卦爻錯雜者此謂之光透又名奪氣種種都是小不勝大近不敵遠輕不敵重之勢如用法遠近大小一有不合自有吉凶不一之患必須大小兼收遠近得宜爲要能將五吉用於浩蕩錯雜之處者乃爲最妙耳

宮星若重平分勢照神若重獨持衡外照過多分氣亂必定分房運改更

照穴有情者為照登穴見幹水遠照者即是外照又名照神倘有此水亦要元空得生旺為妙如不得生旺退為外照奪氣吉凶牽制也宮星是言近穴小水即貼身界水城門之數重輕即大小闊狹遠近之意如近穴小水得情得力并得五吉三星補救直達之妙如果此以內水為主外照為賓內外得宜主賓相得照神雖重非但不為奪氣反有益於用也倘內水

平洋

無情無力僵直淺淺獨見照神汪洋數千頃有權有勢控制於外此又以遠水為主近水為賓大水為主小水為賓也取用之法亦宜大小兼收內外得宜為要若拘先到先收之見非但不得外照之益反受外照之凶者多矣由此推之水勢之遠近大小輕重多寡可不察乎○不遠不遙有規有矩與枝水大小輕重相稱者謂之照神照者照穴有情之謂也如光芒奪目散亂無收毫無照穴真情而內水又無權力以制之則元運不一分房更變勢所必然也

更有水龍真骨髓只將對脈論來情來情若是真元會

諸局參差一半輕轉折短長純雜變此中消息眼惺惺

此言水龍宮星照神兩氣兼收之法而歸重於對脈

來情對脈即水來當面之意既有真脈再有來情再兼得折長短卻與來脈相稱再兼宮星照神用法得宜便是真元會此要一得諸局之參差無甚輕也

三元既辨龍神旺九曜不純龍力喪此是元空大五行

六甲爻中雁天象納甲五行是一行所造以混揆星之真者也

九曜即元空大卦之九曜本是有吉用得吉則吉本是有凶用失則凶此云不純者半得半失之謂也天象云者謂此大元空之九曜將移顛倒都由六甲運行而如是也此章直推大撓占斗綱所建始定干支造甲子是三元六甲之始也如初三月明於庚納於震十六月魄於辛納於巽初八弦於丁即納於兌之說即是宗廟五行故不書納甲而書六甲

五星二曜將乾坤稟命天樞造化根在天北斗司元氣在地八卦顯天心

立極中央主宰七政運斡坤輿垂光乾紀流通八國旋轉四時乃萬化之根源也天有四時地有八方天光地德秋落春榮隨時變易之機均由旋轉運行縱橫顛倒使然也苟于顛倒中推測則左右之陰陽左右之五行天心一卦之端自能了了矣下文所謂父母是變易陰陽之父母即天心斗柄是也

四吉四凶分順逆父母二卦顛倒輪

太極兩儀四象八卦即一分為二二分為四四分為八此即四象八卦之所由來也卦雖分八來往之氣

平洋

則一故將八卦分作來者四個往者四個來者為順為吉往者為逆為凶所云四吉四凶分順逆者是也父母是變易干支之父母二卦即一往一來隨氣運行遷謝之二卦也隨時變易自有顛倒無窮之妙矣

向首一星災福柄去來二口死生門

一星者是向上所得之一星也向上所得之一星大闗休咎故謂之柄二口即去水來水之二口來有來之用法去有去之用法去來各得其宜自能一葬便興稍有不合即見退敗由此推之向首之得失水口

〻去來可不加意乎

青囊著若非假惟有天玉是真經元空洪範并三合

八曜黃泉柱向津尤恨去來生旺墓害人父母絕兒孫

此力闢諸家理氣之非

宗廟洪範黃泉八煞及三合雙山小元空去來生旺

種〻都是時師所用之偽法為害於世由來已久蔣

公悲後人再誤故將諸偽法一〻指出

能將九曜為喉舌大地乾坤一口吞

此言九龍真訣將大元空五行為主向消納之用者萬不失一也

九曜即貪巨祿文廉武破輔弼之九曜此九曜上應北斗主宰天地化育萬物周流六虛名有定名位有定位隨氣運行隨時而在苟能識得在在之陰陽在在之五行雖大荒內外山巔水涯古往今來無不了了矣○變易在乎一卦元機在乎六甲縱萬法之紛紜惟一理之融貫造之精者可以濟世用之久者可以通神

更說高原無水地亦有隱穴在其際乘高臨下即江河萬頃低田能界氣高低數尺合三元一旦繁華諸福至

若坐低空左後山數世箕裘常不替

專論高原乘水之變尋龍尋穴之法萬頃甚言低平寬廣之意有數尺高低為界則氣清脈聚主穴有授矣能坐低空左後山更兼五吉坐歸穴後自能富貴不替矣

江北中原平地龍乘山切莫強尋蹤雖是乾龍乘水道溝渠點滴有神功隱隱微微看水法葬法寶與江南同我向乾流指真水能使上士開心胸以上言高低尋穴之法及中州乘山平地取乾流為收法與江南似異而實同

平洋

上節論高原無水尋穴之法此節論平原無山無水取用之法又論山下平地依水立穴定向之法種種都是無水為有水無龍作有龍之一法也有以低田低地低一寸為水者有以溝渠點滴為水者有以池潭溪澗為水者有以高低數尺為水者水雖不同其用則一蔣公恐人拘泥故將諸般取用之法一一指明

高山堤岸近平田莫作山龍一樣看莫遇乾流或水際亦將此法論三元雲陽留得三元訣欲向人間種善緣

此言山腳之穴兼論水局三元另一格也

此言山下平地依澗傍水蝦鬚蟹眼及溝渠點滴之類亦宜山水分用即平原若水之地高一寸低一寸隱隱微微之水亦要分用即青囊所謂山管山水管水者是也

語君葬水勝葬山葬山歲久氣方還水葬吉龍并旺運三年九載遠天涸此言發明山水二龍應驗遲速之理

此言葬水葬山雖驗之遲速所云吉龍指體旺運指用必須體用各得其宜方能取效三年九載者甚言

其速也

山本陽精中抱陰陰精是水陽內存葬陽得陰陰漸長

葬陰得陽陽驟伸

山岡雖以龍穴為重到真龍結穴之際必有真水以證之平洋雖以水為主到水神交會聚蓄之處必有真氣結聚于其間此即有龍自有水有水自有龍乃陰陽自然之妙也所云得陰得陽即寶照所謂陽水陰山陰水陽山者此也所謂陰陽動靜山情水意者亦即此也

楊公昔日救貧法但取三元龍水合王侯將相此中來
年著禅師親口訣杜陵狂客不勝悲四十年家浪白頭
只為尋山貪幹氣蒼苔古道漫淹留水龍一卷贈知己
大地陽春及早收此言水龍本之楊公
此蔣公自言貪求幹龍正結以至頭白身衰正勸當
世之貪求大地者耳即一枝一泡一鈎一曲之小地
只要得穴得用將相公侯無不在其中矣恐人不信
將舉楊公以證之也

天元五歌闡義卷之四

天元五歌四　陽宅

人生最重是陽基却與墳塋福力齊宅氣不寧招禍咎骨埋真穴貴難期建國定都關治亂築城置鎮係安危試看田舍豐盈者半是陽居偶合宜（首章言陽宅與陰地並重若建都立邑更重於墳墓）

生居吉宅死卜佳城其理一也墳之吉凶蔭在子孫陽宅

屋之禍福極在一己故迎承生旺取效目前較陰基更為切近

大凡門戶行路通風通氣通人往來行動者謂之堪牆垣壁落并通風并通氣并不通人往來行動者謂之輿 空者堪實者輿動者堪靜者輿堪輿二字辯別清楚再辯親疎遠近再辯干支方位再辯挨星得失如是則陰陽二宅自能指掌瞭然矣

陽居擇地水龍同不厭前篇議論重但比陰基宜濶大不爭秀麗喜粗雄大河大江收氣厚涓流滴水不關風

若得亂流如織錦，不分元運也專通。此言陽基龍法，一如水龍，故不復論。必取形局寬大，乃可容受。宜擇水多曲折之處，即非本元，亦可發福。

此言陽宅之大局，比陰基稍異。惟迎神引氣之法，與陰宅水龍一般。即地形水勢，亦取粗雄潤大環繞曲動者為佳也。

宅龍動地水龍裁，尤重三門八卦排。只取三元生旺氣，引他入室是胞胎。一門乘旺兩門囚，少有嘉祥不可留。兩門交慶一門休，大事歡欣小事愁。須用門門多吉位，全家福祿永無憂。

宅龍者宅向所得之星也動地即門戶往來行動之地內戶趨避之法與宅外水法一般故曰水龍裁也所云排八卦辨三元即排向首一星大元空五行生旺之氣向首得此生氣方能引領吉氣以進內室一門兩門者言內戶承氣門門須承向首之生旺也

三門先把正門量後門房門一樣裝

一宅以大門為主內戶門路為用量者是定陰陽分順逆量度向首一星之休咎也向首既辨再辨上房門路所承之氣若何也所云門門多吉位者謂都承

正门生旺之方位也○量者度也是量挨星之得失非量门之阔狭長短讀者切莫误會

别有旁门并側户一通外氣即分張設若便门居好位一门獨出始為強（此專言陽宅门氣）

此專辨旁门側户謂既有正门或左或右或前或後從旁開门者謂之旁门又謂之便门又名側门有可不由大门而從旁门出入者此謂之通外氣也即此旁门亦有所向此向所得星辰與正门一氣者則吉如在正门之吉方者亦吉一有不吉即為分張分張

陽宅

者為此奪氣吉凶牽制之意也

门為宅骨路為筋筋骨交連血脉均若是吉门兼恶路酸凝入骸不堪斟此章言门路一氣脉相連趋生避煞之法一如收龍

一宅之吉凶均由门而定故謂之骨一宅之盛衰都從路而進故謂之筋向首既得吉氣全在吉路引進也倘门吉而路不吉宜改移吉位必使筋與骨血與脉一氣貫通方為盡善如吉凶夾雜者何異酸凝之入骸也○有门自有路门與路宜相生比和為佳并以门為主路為賓來往相生為妙如门得生旺门外

來路宜扶門之生旺及一切內戶均宜從外生入切忌相沖相尅便爲惡路然此沖尅非形勢之沖尅是五行之沖尅讀者宜辨

內路常兼外路看宅深內路抵門闌外路迎神并畀氣迎神畀氣兩重關此言陽宅路氣

此專辨看路之法外路是宅外街道田塍之類內路是宅內行動之路內外兩路用法各殊外路宜挨向首內路宜益私門私門氣弱宜用內路吉氣以扶之所謂內路非外路即此法也宅深內路自有遠近遠

則煞氣不呼應又以近门内路為用也所云迎神界氣都在遠近中分出近則為迎神遠則為界氣即外路看法亦然都從遠近親疎而分休咎也

更有風门通八氣牆空屋闕皆難避若遇祥風福自增若遇煞風殃立至此言陽宅風氣

專辨城市凹風看法與水法一般

矗矗高下名嶠星樓臺殿宇一同評或在身旁或遙應能迴八氣到家庭嶠壓旺方能受蔭嶠壓凶方鬼氣侵此言陽宅嶠氣

專言迴風返氣之法必須辨清元空之得失路壁之遠近而占驗休咎也城市以墻傾屋缺者為凹風左右前後鄰屋特高者謂之嶠星所云旺方凶方祥風煞風均不在形跡上看須從元空上尋如村居氣散難驗少輕城市氣聚應驗最速所言生旺是元空之生旺非生延之生旺讀者莫誤

衢橋衢路莫輕猜須與元龍一例排衢起樂宮無價寶衢起凶宮化作灰（此言陽宅衢氣）

專辨衢橋衢路取用之法與水龍一般所云樂宮是陽宅

元空之樂宮非天醫生延之俗說也○按莫輕精三字樂宮因位須從元空着想不在形跡上尋也明矣

宅前逼近有奇峰不分衰旺皆成凶抬頭咫尺巍峩起泰山壓倒有何功

此言陽宅逼氣

咫尺甚言其逼近巍峩是言其太高宅前高而且逼多凶少吉二宅均忌

村居曠蕩無欄鎖地水兼門一同取城巷稠居地水稀路衢門牆並權司

此言城市鄉村陽宅之不同

此言城市鄉村宅法之不同鄉居氣散水漫取用之

法向與水兼得為佳城市氣聚并有鄰屋之凹凸高低街道之濶狹曲直水稀地窄即以凹者低者濶者曲動者為水直者狹者凸者特高者為山也所云同權者謂高低各有其用也

一到分房從氣移一門恒作兩門推有時內路作外路入室私門是樞機當辨親疎并遠近抽交換象出神奇

此并言陽宅分房

分房是兩三家同住一宅或一二十家合居一宅之分房也看法以一家私門為主諸家往來之路為用

故云內路外路樞機私门是也親跡即內路遠近之屋柚交換象即物換星移吉凶變遷之義辨即辨內路遠近安遷之吉凶也即近门內路亦有清純錯雜之辨遠則方位必移方位移則所承之氣自然不一承氣不一吉凶安遷自各一定矣

論屋神祠理最嚴古人營室廟為先（此專言神祠宗廟）

神廟幽合社之興衰宗祠係一族之休咎地氣形勢堂局砂水高低層進均與住宅一般惟向首一星尤為緊要也向首一星宜得官貴文秀之氣和平悠遠

之神兼貪兼輔兒孫自多賢良自多孝友切忌頑鈍之氣剛燥之神到向也即神廟仙壇亦同宅內神祠即祖堂香火其承接之氣關係一家安危當以此為先也

上房內戶門路井竈諸般都吉還以宅中色氣為禍福之主宰夫宅中色氣不一略舉其大槩而言紅黃曉亮者為吉氣滋潤有光彩者為生氣和暖清明有欣欣氣象者為旺氣惟淡白無光者為退氣黑暗陰寒者為死氣焦萎乾枯者為衰氣門路雖吉向首雖

陽宅

旺端見此氣死傷退敗之患不遠矣法宜修理油漆粉飾補挽回之一法也

夫婦內房尤特重陰陽配合宅根源（此章言內房寢室歸重於宅主）

夫婦內房即宅主之正房此房關繫一宅之休咎所涉之氣必須彼此相生陰陽相配為合一見沖尅定主刑傷此總括上文之意謂門戶井竈家堂香火諸般都吉還以上房內戶所接之氣為主所謂根源者此也配合者亦即此也且大門為一宅之氣口向首得失關一宅之盛衰內房亦氣繫一房之休咎如宅

主內房分氣得失猶如山龍之入首水法之城門關鎖一家禍福之所攸以此爲特重也

八宅因門坐向空三元衰旺定真蹤運遇遷移宅氣改八家興廢巧相逢此章言陽宅以大門坐向而定吉凶不以坐山而論休咎此即氣口反爲和之義而歸重於遷移入宅之時改移修造之運而辨得失故宅有彼此興廢之不同

此專言坐空向空之宅因依術指明某某是戊己空亡某某是龜甲空亡陰陽二宅都以此爲立向坐宮之最忌者也海內皆然故特辨之夫八卦九宮四維十二支是日月五行氣化流行之次舍隨氣推移本

年吉凶本年彼此何故有此吉彼凶之辨耶況戊已為中央鎮星又為十干之中氣乃至陰至陽乾坤交媾之變水火金木都藉此戊已為成形顯用之所水火金木都不忌而獨忌成形顯用之所何哉歷查古來名墓吉宅用此山向者頗多即近時墓宅用之者亦多其中有吉有凶有衰敗者有發福者有富貴年休者并有即此一宅前人居住不吉而轉售別姓居之則吉者彼既謂之凶而避之此乃用之而又發福福者其故何耶是皆不曉三元衰旺之踪隨時顛倒

機還移變易之理耳蓋空位之向固有斷非此強挾硬砌者所知全憑幽天地察元空權輕重考順逆所坐所向雖界乎兩歧之際左右兩支陰陽順逆仍屬一氣者此謂空而不空主吉又有山向雖不犯戊己龜甲之位元空流行之機却界乎半陰半陽進退適逢其會此謂之不空而空主凶又有一種所坐所向雖在戊己龜甲之地而入用元機與收法之零正無一毫差錯者亦吉如三元九曜稍有一毫差錯則凶此即戊己龜甲之說所由來也○所謂差錯是水口

陽宅

零正挨星五行合不合云差錯倘遇此等先將向首陰陽五行辨別清楚或當順排或當逆挨再查水之正神若何零神若何自曉其所以錯不錯之故水口雖有差錯挨星五行却合其宜此即五行當分別者是也

此是周公真八宅系著大士流傳的天醫福德莫安排只好遊年斷時日

上二句推原元空大卦之所自來下二句申言遊年卦例之非遊年卦例本是一行所造以混挨星之真

者也

逢興鬼絕更昌隆遇替生延皆困迫此章力辨生延鬼絕之非

九星顛倒八國轉移是鬼絕非鬼絕非鬼絕是鬼絕

縱橫顛倒左左有興有替斷非天醫福德新舊八法

之挨砌者可知

太歲煞神若加臨禍福當因如霹靂門內間間有宅神

值神值星交互測此是遊年劃斷機不合三元總虛擲

此章辨小遊年翻卦之非必以挨星之得失乃斷吉凶

太歲臨方到向人人若曉如向上所得之星要問所

得之神也所不知既曉向首一星之休咎再將值年值月之紫白加臨向首吉則助吉凶則助凶應驗如神方知向首得失之真消息矣值星者是向上所得之星也值神者是值年值月之紫白也此紫白若與向上所得之星與每間所得之星相生比和者吉相尅相剋者凶如是則某年吉某年凶過去未來均可精測而得此即上文所言逐年翻卦只將占時日之法恐人再誤故將占驗一一指出

九星層進論高低間架先天卦數推雖有書傳皆不驗

漫勞大匠用心機（此章辨層進九星間架卦數之非）

高低層進俗術皆以水火木金而定高低乾一兌二先天卦數而分間架註書立說言之鑿鑿如此呆板則元空活潑之機從何窺其消息耶夫高低層進之法必須細揣五行之生死方位之宜忌高低相稱層進合宜總不離生旺宜高衰敗宜低官貴宜高陰賤宜低之理再先將八方五行布就再將宅向所得何星查準再辨五行之性情再辨星辰之陰陽貴賤氣運之往來進退如是而論高低層進無所不當矣

陽宅

山龍宅法有何功四面山圍不雜風或有山溪來界合

兼風兼水兩相從若論來龍休論結結龍藏穴不藏宮

縱使皇都並郡會只審陰陽不審龍此節言山龍宅法

此節專言山居宅法凡山有低凹即有風水來去其間用法風與水一般若半山半水者用法則異知此即知山龍並得水龍之法矣

俗言龍去結陽基此是時師俗見庸欲取陽居釀家福

山居不及澤居雄

此兩節總言山居澤居不在乎穴之得弗得在乎水

之聚不聚耳即在萬山之中亦以得水為先也

陰居蔭骨及兒孫陽宅氤氳眷此身偶爾喬居并家假
菴堂香火有神靈關著三元輪轉氣吉凶如響不容情
透明此卷天元宅一到人家識廢興此章言陽宅蔭生人祇陰地更速凡有樓身不可不察

陰地蔭及兒孫陽居庇在一己即偶爾喬居家假菴
堂香火之間關著三元消長之機者吉凶如響也
凡二宅之前後左右有見村庄者有見土堆高墩者
有見屋角橋梁者有見神廟紅墻者有見城樓寶塔

若在陰宅為空氣在陽宅即為牆屋種種多能廻風返氣用得用失確驗最速此等先要辨清方位干支高低遠近再辨元空之得失從中趨避自無不當矣惟紅墻與塔趨避之法稍異紅牆宜尅宜洩并宜粗頑之氣塔宜生宜扶并利文貴文秀之神此即用物付物之一法也

天元五歌闡義卷之五

天元歌五　選擇

地理天時古聖言堪輿二字義相連浪說江南第大地

但取年月日時利真龍大地遍江南也要天時一力參

初年禍福天时驗歲久方知地有權首章言时日雖不及地氣尔司初年禍福故當並重

得龍得穴得砂水輿道也得日得時得七政堪道也

選擇

堪輿即天與地雖曰天时不如地利實則地理天時二者不可偏廢也如得地而不得天猶播種不得其時定有枯槁之患如得天而不得地猶男子無室自無發生之機也由此推之时日之關繫更為切近可不加意細察乎

諸家尅擇最紛紜拘忌多端誤殺人此家言吉彼家凶對盡諸書總不同五載三年精一日萬般福曜總成空古来天子七月葬士庶踰月禮不曠年月何曾有廢興日時只將論休旺春秋葬日滿經書但辨剛柔内外宜

裨竈梓慎俱博物　豈昧陰陽誤萬機　諸家選擇盡荒唐
斗首元辰失主張　奇遁演禽皆倒亂　不經神授莫精詳
世人尅擇重干支　生命亡命若相持　致使子孫沖犯衆
多年不葬孝心違（此章歷辯諸家選擇之非）
歷舉春秋葬日辨剛柔分內外論孤旺以證七政趨避之法由來已久恐人不信又舉梓慎裨竈古之博物者證之兼參諸家雜出以偽亂真但曉子平竟忘七政呆執干支生命亡命若若相持此吉彼凶紛紛不一竟有誤人數十年不能得一吉日安葬其親者

悲乎

豈知死者已無命氣入地為後命後命能司造化權生者命從葬者定故有仙人造命訣不是干支子平法渾天寶照條天星此是楊公親口訣不怕三煞太歲神陰府空亡俱抹煞年尅離命有何妨退煞金神皆亂發一卷天元烏兔經留與人間作寶筏此書直指選擇造命之法偏重於天豈可廢一切神煞之說造命天星均合再避一切神煞豈不更妙乎

反氣入地謂埋葬以入土時日為後命入土時刻猶人之生下時刻一般辨吉凶定盛衰都在此一時一

刻之間此一時一刻陶繫兒孫禍福故曰生者命從葬者定是也○烏兎經有僞本如從所傳每月初一初二用羅計等排去者即是僞本不可用

推原天地混沌成惟有日月是真精金烏玉兎本一物五星四氣從此生人生稟受太陽氣萬物皆是陰陽萌聖人觀象演歷法干支甲子作天經五行俱是陽中氣神煞何曾另有名只將日月司元化萬物森羅在掌心

此章言選命天星以日月時刻為主

選擇

金烏玉兎即日月五星即水火金木土五星共日月

共爲七政四炁即水火木土之四餘此四餘有氣無星默行於天從此生者謂此五星四炁及一切萬物俱由日月往來而生天地之心聖人爰作干支甲子範圍天地而不過曲成萬物而不遺者也

世間萬物各有命不但生人男女定造物制器可同推修造葬埋咸取證日月五星大象同一時八刻一移宮造命元機時作主毫釐千里不相通此言萬物各有命貞機在時刻

生人以生下日時爲命造制以成器時刻爲命葬埋以入地時日爲命蓋物各有命自然之理也一時一

刻者謂七政之行度有遲有速一時一宮是言其大槩也此中言造命之元機在乎時刻一分一秒者謂日月五星每一息之傳稍有差錯星移度改自有毫釐千里之謬

先將晝夜别陰陽晝夜晨昏出沒詳十二宮中三十度
大約六度是分疆盈縮授時毫末細量天廣尺未能量
二十八宿七政明論宮論度要分明深則論宮淺論度
一分一秒不容情命入躔宮變五氣日月隨命分五行
五曜四餘扶日月生尅衰旺準天秤最取用星爲福曜

有恩有用作干城用若奪權為上格惡星一雜福斯輕

此章言十二宮分度及纏命宮五行所歸重於恩用

此論用日月之法先分晝夜晝用太陽夜用太陰晨昏出沒分至不同亦宜詳辨週天十二宮每宮三十度六度分躔者謂此六度界於十二宮交界之間昔郭守敬作授時歷今量天尺盈縮其度緣歲久不能無差故也二十八宿分布四方分隸七政有宮主有度主論深淺算分秒絲毫不容差錯者也命入躔宮者是言命主入躔於何宮也命主入躔於何宮即知

命主之所居知命主之所居則四餘之忌用自隨命主而更變即日月亦隨命主之五行而分者矣五曜四餘有生尅衰旺忌難仇用之辨如忌用星得生旺即為福曜又為上格忌星者即難仇相尅之星也一有爽難其力自減

用曜一星落何處陽時陰候分邊際冬夏二至陰陽極春秋二分是平氣平氣陰陽用可兼猶看晝夜與宮垣暑過平氣陰陽別當極之時禍福岀陽令惟求金字水陰令惟用羅與火秋木獨宜水兼孛春土火羅金計土

選擇

春在分後須陰助，秋在分後宜陽補。此章論四時星曜用忌禍福之變機

夏至一陰生，是陽極而生陰；冬至一陽生，是陰極而生陽。自交冬至到春分，九十日有零，陰陽各居其半，此為陽中之平氣；畧過則陽勝，是當陰助。自交夏至到秋分，亦九十日有零，陰陽各居其半，此為陰中之平氣；畧過則陰勝，是當陽補。所云陽令陰令，是言氣候之偏勝也；火羅水孛，是言隨時之取用也。種種輔助之法，在乎陰陽和而已矣。且水火為中天之大用，夏令以水為用神，冬令以火為用神，乃得中和之氣

反是則凶

宮辰星體兩兼收度前度後要深求猶向五星探伏現

逆來順去并逢留三方對照際相隨同宮隔宮一例推

拱夾有情權力大日月交受極尤奇（此章備言宮星恩用諸格酌要之法）

先看宮辰星體再求度前度後如日光半徑八度半

月光半徑朔五度望七度半弦六度三十四分所用

時刻與所坐所向之宮度其光果照得到否五星光

半徑大小不等亦宜詳辨要之不拘三合六合拱照

夾照及到山到向等須在日月五星光所照及之度

度前度後尤當深究次察其伏現退留若何相冲相會若何假如子宮安命先查子午宮次察申辰宮三方對照者若何以推休咎也然則星有同宮而異度者有隔宮而同度者重度不重宮故曰一例推也如拱夾星曜有情權力更大果能日月兩曜交受其光尤為奇格

身當旺令不須忌但將用曜作根源平令獨忌難發達衰時得令尚無懲以忌為用真可寶以難為用多顛倒以忌為忌壽而貧以難為忌身不保此專言忌用難合之法

身者即安命之謂也旺令即合時合令之星辰也果當旺令何用生扶惟取用星為最妙耳如在平令專用一個恩星孤立無助每難為福必須諸吉扶佐為要如衰時得一恩星尚為可取假如冬令以火為用神命立子丑土宮火又為恩星是以恩為用最吉若命立申酉金宮火實為難星是以難為用時起時倒興廢不常須得一土星化之方妙如夏令以木為恩命立土宮是以恩為忌者是也冬令以土為難神命立水宮此即以難為忌者是也種種均忌安命之法

選擇

蓋以太陽加時順行逢卯即為命宮又云生造以逢卯為命宮葬埋以逢酉為命宮此說亦是

本宮端的貴初年宮若不純須合旃必取宮身俱妙合長安花滿任揚鞭就中暗曜最難知空地翻同實地同寅戌兩宮光在午丑亥兩曜子中依此論宮星並重之法兼言暗曜變格

本宮指坐山而言如戌山辰向火為宮主星身者即命宮主星也坐山所得星辰與命宮所得星辰均要生扶旺相為妙非但本宮要合即三合六合拱夾暗曜度前度後短長多寡亦要得宜所言光在子午中

依着此皆用曜之法也翻閱實地云者如本宮坐午午宮無吉星寅戌兩宮有吉星其光即射午地如子宮無吉星丑亥兩宮有吉星其光即來注於子地是也

更有横天交氣法寅申九十度有曜亥中思巳丑卯宮一百二十度亥未酉短長多寡度中移此乃論横天交氣法而借亥卯酉三宮為例也

横天交氣即謂與夾與拱與三合六合與之類所云寅申亥未種種是用時刻前後以湊天星之法也

果老星宗此的傳星書卷卷失真詮諸般格局皆虛假

升殿入垣莫掛牽此言辨星書誤格之非

俗傳果老星宗升殿入垣諸般格局都假惟此乃是真傳

日逢晦朔皆為福何必蟾光三五圓但忌陰陽當薄蝕七日之內分爭先太白晝見經天日難忌洪突恐失權此言薄蝕經天宜忌

月無光借日之光為光故不以晦朔辨優劣也即日月之体在天行度使然無關禍福然為地球所間隔而掩其光是太陽太陰極否之象故當避太白即金

星其氣肅殺其性陰慘主東方居太陽之前爲太陽

制服亦能爲福如在西方居太陽之後到午即爲經

天其氣縱放最易爲禍并忌與火星對照及同宮

日魂月魄命之根五德五星通五倫掌握乾坤惟此理

璿璣經緯治斯民劉公昔日佐真主建國行軍掃大荒

參奈歷書多失學增添宜忌漫平章天元秘寶今朝啓

傳其藏和佐盛唐此章推原造命法本於天官歷法有大作用、、

自兩漢以来星書實多有得有失惟

聖朝採用西法選擇

御定數理精蘊七政經緯

須行天下考之已往傳之將來洵可為萬世不易之良法

也

宗陽五曲歸天元雖是人為實至言普願智愚咸解悟

故將俚句廣流傳一句一眼包數義通之便是地行仙

其中奧旨須尋味慎勿差訛累後賢此章緫論五篇致貫叮嚀告戒之意

此緫結上文謂此五歌淺者極淺深者極深要之闡

發天玉青囊之至理必須細心參考方能由淺而及

深由近而及遠矣

編號	書名	作者	備註
占筮類			
1	擲地金聲搜精秘訣	心一堂編	沈氏研易樓藏稀見易占秘鈔本
2	卜易拆字秘傳百日通	心一堂編	
3	易占陽宅六十四卦秘斷	心一堂編	火珠林占陽宅風水秘鈔本
星命類			
4	斗數宣微	【民國】王裁珊	民初最重要斗數著述之一；未刪改本
5	斗數觀測錄	【民國】王裁珊	失傳民初斗數重要著作
6	《地星會源》《斗數綱要》合刊	心一堂編	失傳的第三種飛星斗數
7	《斗數秘鈔》《紫微斗數之捷徑》合刊	心一堂編	珍稀「紫微斗數」舊鈔秘本
8	斗數演例	心一堂編	
9	紫微斗數全書（清初刻原本）	題【宋】陳希夷	斗數全書本來面目；有別於錯誤極多的坊本
10－12	鐵板神數（清刻足本）——附秘鈔密碼表	題【宋】邵雍	無錯漏原版秘鈔密碼表　首次公開！
13－15	蠢子數纏度	題【宋】邵雍	蠢子數連密碼表打破數百年秘傳　首次公開！
16－19	皇極數	題【宋】邵雍	清鈔孤本附起例及完整密碼表 研究神數必讀！
20－21	邵夫子先天神數	題【宋】邵雍	附手鈔密碼表 研究神數必讀！
22	八刻分經定數（密碼表）	題【宋】邵雍	皇極數另一版本；附手鈔密碼表
23	新命理探原	【民國】袁樹珊	子平命理必讀教科書！
24－25	袁氏命譜	【民國】袁樹珊	
26	韋氏命學講義	【民國】韋千里	民初二大命理家南袁北韋
27	千里命稿	【民國】韋千里	北韋之命理經典
28	精選命理約言	【民國】韋千里	
29	滴天髓闡微——附李雨田命理初學捷徑	【民國】袁樹珊、李雨田	命理經典未刪改足本
30	段氏白話命學綱要	【民國】段方	民初命理經典最淺白易懂
31	命理用神精華	【民國】王心田	學命理者之寶鏡

編號	書名	作者	說明
32	命學探驪集	【民國】張巢雲	發前人所未發 稀見民初子平命理著作
33	澹園命談	【民國】高澹園	
34	算命一讀通——鴻福齊天	【民國】不空居士、覺先居士合纂	
35	子平玄理	【民國】施惕君	
36	星命風水秘傳百日通	心一堂編	
37	命理大四字金前定	題【晉】鬼谷子王詡	源自元代算命術
38	命理斷語義理源深	心一堂編	稀見清代批命斷語及活套
39-40	文武星案	【明】陸位	失傳四百年《張果星宗》姊妹篇 千多星盤命例　研究命學必備
相術類			
41	新相人學講義	【民國】楊叔和	失傳民初白話文相術書
42	手相學淺說	【民國】黃龍	民初中西結合手相學經典
43	大清相法	心一堂編	重現失傳經典相書
44	相法易知	心一堂編	
45	相法秘傳百日通	心一堂編	
堪輿類			
46	靈城精義箋	【清】沈竹礽	沈氏玄空遺珍 玄空風水必讀
47	地理辨正抉要	【清】沈竹礽	
48	《玄空古義四種通釋》《地理疑義答問》合刊	沈瓞民	
49	《沈氏玄空吹虀室雜存》《玄空捷訣》合刊	【民國】申聽禪	
50	漢鏡齋堪輿小識	【民國】查國珍、沈瓞民	失傳已久的無常派玄空經典
51	堪輿一覽	【清】孫竹田	
52	章仲山挨星秘訣（修定版）	【清】章仲山	章仲山無常派玄空珍秘 門內秘本首次公開 沈竹礽等大師尋覓一生末得之珍本！
53	臨穴指南	【清】章仲山	
54	章仲山宅案附無常派玄空秘要	心一堂編	
55	地理辨正補	【清】朱小鶴	玄空六派蘇州派代表作
56	陽宅覺元氏新書	【清】元祝垚	簡易・有效・神驗之玄空陽宅法
57	地學鐵骨秘　附　吳師青藏命理大易數	【民國】吳師青	釋玄空廣東派地學之秘
58-61	四秘全書十二種（清刻原本）	【清】尹一勺	玄空湘楚派經典本來面目 有別於錯誤極多的坊本